LA

QUESTION ROMAINE

PARIS. — IMPRIMÉ CHEZ BONAVENTURE ET DUCESSOIS,
55, QUAI DES GRANDS-AUGUSTINS.

LA
QUESTION ROMAINE

PAR

EDMOND ABOUT

DEUXIÈME ÉDITION FRANÇAISE

REVUE ET CORRIGÉE

Avec une nouvelle préface de l'auteur.

PARIS

COLLECTION HETZEL
LIBRAIRIE DE MICHEL LÉVY FRÈRES
RUE VIVIENNE, 2 BIS.

1861

Tous droits réservés.

PRÉFACE

DE LA DEUXIÈME ÉDITION FRANÇAISE.

M. Villemain m'a fait l'honneur d'écrire que j'étais un publiciste d'avant-poste. J'accepte le reproche; il le faut bien. Moi-même, il y a deux ans, tandis que notre glorieuse armée courait à la délivrance de l'Italie, j'ai écrit à l'Empereur Napoléon III : « Mon livre est un soldat d'avant-garde; laissez-le partir avec les autres ! »

Notre armée n'a pas mis trois mois à vaincre l'Autriche, à délivrer la Lombardie, à jeter les bases de ce magnifique royaume qui embrassera bientôt la Péninsule entière. Mon petit livre a marché moins vite que les zouaves. Les vérités imprimées cheminent lentement, quand la police les saisit chez le libraire. Il a fallu deux ans au peuple italien pour donner raison à tous mes éloges; au gouvernemnet pontifical pour justifier toutes mes accusations. C'est après un stage de deux ans que mes paradoxes les plus audacieux se sont élevés au rang de banalités oratoires. Les Dupanloup, les Keller et les Veuillot y répondent par des injures, lorsqu'ils se sentent en voix, mais on ne les discute point.

Ce qui semblera peut-être invraisemblable à nos petits-enfants, c'est que la justice m'ait inquiété en 1859 pour avoir imprimé des faits et des idées que les plus grands personnages de l'État proclament hautement en 1861. Je ne me plains pas des poursuites que j'ai subies. Elles m'ont mis en relation avec quelques hommes de l'esprit le plus élevé et de l'urbanité la plus exquise, nos magistrats, pour tout dire en un mot. Elles m'ont permis de changer certaines expressions violentes que le bouillonnement de ma passion avait fait monter à la surface du livre.

J'ai profité de l'occasion pour effacer tout ce qui semblait attentatoire au pouvoir spirituel.

La conclusion provisoire que je proposais en 1859 est déjà dépassée par les événements. Un prince français, dans un discours applaudi de toute l'Europe, en a indiqué une nouvelle, beaucoup plus radicale, et que j'adopte avec joie. Qui sait si, dans deux ans, on n'en trouvera pas une définitive? Cherchons.

Le char classique du progrès est un coche pesant qui s'arrête au moindre obstacle, au plus petit Villafranca. Les voyageurs s'endorment, les chevaux soufflent, les femmes chantent, les moines et les académiciens disent leur bréviaire, la mouche parasite s'assied sur le nez du cocher. Venez ici, gens de cœur, hommes de bonne volonté, et poussons tous ensemble à la roue, dût-elle nous écraser un peu!

E. A.

LA QUESTION ROMAINE

I

LA ROYAUTÉ DU PAPE

L'Église catholique romaine, que je respecte sincèrement, se compose de 139 millions d'individus, sans compter le petit Mortara.

Elle est gouvernée par soixante-dix cardinaux ou princes de l'Église, en mémoire des douze apôtres.

Le cardinal évêque de Rome, qu'on désigne aussi sous le nom de vicaire de Jésus-Christ, de saint-père ou de pape, est investi d'une autorité sans bornes sur l'esprit des 139 millions de catholiques.

Les cardinaux sont nommés par le pape; le pape est nommé par les cardinaux. Dès le jour de son élection, il devient infaillible, au moins dans l'opinion de M. de Maistre et des meilleurs catholiques de notre temps.

Cette discipline des intelligences honore infiniment le xixe siècle. La postérité nous en saura gré, si elle est juste. Elle verra qu'au lieu de nous entr'égorger pour des questions théologiques, nous avons tracé des chemins de fer, posé des télégraphes, construit des machines à vapeur, lancé des vaisseaux, percé des isthmes, créé des sciences, corrigé des lois, réprimé des factions, nourri des pauvres, civilisé des barbares, assaini des marais, défriché des landes, sans disputer une seule fois sur l'infaillibilité d'un homme.

Mais le siècle le plus occupé, et qui sait le mieux le prix du temps, peut être contraint de négliger un instant ses affaires. Si, par exemple, il remarque autour de Rome et de son évêque une agitation violente que ni les malices de la diplomatie, ni la pression des armées ne peuvent étouffer; s'il voit dans un petit coin d'une péninsule un incendie sans flammes qui n'est ni allumé ni éteint, mais qui peut en vingt-quatre heures embraser toute l'Europe; ce siècle prudent par devoir, attendu qu'il a de grandes choses à faire, s'émeut de la situation de Rome et veut savoir ce qu'il y a.

Il y a que les princes naïfs du moyen âge, Pépin le Bref, Charlemagne, la comtesse Mathilde, ont fait au pape de grandes libéralités. Ils lui ont donné des terres et des hommes, suivant l'usage de ce temps-là, où l'homme, étant le mobilier vivant de la terre, se donnait par-dessus le marché. S'ils ont été si généreux, ce n'est point parce qu'ils pensaient, comme M. Thiers, que le pape ne saurait être indépendant sans être roi ; ils l'avaient vu dans sa pauvreté plus indépendant et plus maître que presque tous les rois de la terre. Ils l'enrichirent par amitié, par calcul, par reconnaissance, ou même pour déshériter leur famille, comme cela se fait encore de notre temps. Depuis la comtesse Mathilde, le pape, mis en goût de propriété, s'est arrondi. Il a obtenu des villes par capitulation, comme Bologne ; il en a gagné à coups de canon, comme Rimini ; il en a dérobé quelques-unes par trahison furtive, comme Ancône. Si bien qu'en 1859, l'évêque de Rome est le souverain temporel de quatre millions d'hectares et règne sur trois millions cent vingt-quatre mille six cent soixante-huit hommes qui poussent les hauts cris.

De quoi se plaignent-ils ? Écoutez-les seulement ; vous le saurez bientôt :

« Ils disent que l'autorité à laquelle ils sont soumis, sans l'avoir ni demandée ni acceptée, est la plus foncièrement absolue qui ait jamais été définie par Aristote ; que les pouvoirs législatif, exécutif et judiciaire sont réunis, confondus et brouillés dans la même main, contrairement à l'usage des États civilisés et à la théorie de Montesquieu ; qu'ils reconnaissent volontiers l'infaillibilité du pape dans toutes les questions religieuses, mais qu'en matière civile elle leur paraît plus difficile à supporter ; qu'ils ne refusent pas d'obéir, puisqu'à tout prendre l'homme n'est pas ici-bas pour suivre sa fantaisie, mais qu'ils seraient bien aises d'obéir à des lois; que le bon plaisir, si bon qu'il puisse être, ne vaut pas le Code Napoléon; que le pape régnant n'est pas un méchant homme, mais que le gouvernement arbitraire d'un prêtre, fût-il infaillible, ne sera jamais qu'un mauvais gouvernement.

« Qu'en vertu d'un ancien usage que rien n'a pu déraciner, le pape s'adjoint, dans le gouvernement temporel de ses États, les chefs, sous-chefs et employés spirituels de son Église; que les cardinaux, les évêques, les chanoines, les prêtres, fourragent pêle-mêle à travers champs; qu'une seule et même caste est en possession d'administrer les sacrements et les provinces, de confirmer les petits garçons et les jugements de première instance, d'ordonner les sous-diacres et les arrestations, d'expédier les agonisants et les brevets de capitaine. Que cette confusion du spirituel et du temporel implante dans tous les hauts emplois une multitude d'hommes excellents sans doute aux yeux de Dieu, mais insupportables à la vue du peuple; étrangers souvent au pays, quelquefois aux affaires, toujours à la vie de famille, qui est la base des sociétés; sans connaissances spéciales, si ce n'est dans les choses du ciel; sans enfants, ce qui les rend indifférents à l'avenir de la nation; sans femmes, ce qui les rend dangereux dans le présent; enfin sans aucune aptitude à entendre raison, parce qu'ils croient participer de l'infaillibilité pontificale.

« Que ces serviteurs d'un Dieu très-doux, et quelquefois très-sévère, abusent simultanément de la douceur et de la sévérité ; que pleins d'indulgence pour les indifférents, pour leurs amis et pour eux-mêmes, ils traitent avec la dernière rigueur quiconque a eu le malheur d'offenser le pouvoir; qu'ils pardonnent plus facilement au misérable qui égorge un homme qu'à l'imprudent qui blâme un abus.

« Que le pape et les prêtres qui l'assistent, n'ayant pas appris la comptabilité, gouvernent mal les finances; que la gestion maladroite ou malhonnête des richesses publiques pouvait se tolérer il y a deux cents ans, lorsque les frais du culte et de la cour étaient payés par 139 millions de catholiques, mais qu'il faut y regarder d'un peu plus près, maintenant que 3,124,668 hommes sont obligés de fournir à tout.

« Qu'ils ne se plaignent pas de payer des impôts, puisque c'est un usage établi partout, mais qu'ils voudraient voir leur argent employé aux choses de la terre. Que les basiliques, les églises et les couvents construits ou entretenus à leurs frais les réjouissent comme catholiques et les attristent comme citoyens ; car enfin ces édifices ne remplacent qu'imparfaitement les chemins de fer, les chemins vicinaux, la canalisation des fleuves et les digues contre les inondations ; que la foi, l'espérance et la charité reçoivent plus d'encouragements que l'agriculture, le commerce et l'industrie ; que la naïveté publique est développée au détriment de l'instruction publique.

« Que la justice et la police se préoccupent trop du

salut des âmes, et trop peu du salut des corps ; qu'on empêche les honnêtes gens de se damner par les blasphèmes, par les mauvaises lectures ou par la fréquentation des libéraux, mais qu'on n'empêche pas assez les coquins d'assassiner les honnêtes gens ; que les propriétés sont protégées comme les personnes, c'est-à-dire mal, et qu'il est dur de ne pouvoir compter sur rien, que sur une stalle en paradis.

« Qu'on leur fait payer plus de 10 millions par an pour l'entretien d'une armée sans instruction et sans discipline, d'un courage et d'un honneur problématiques, et destinée à ne jamais faire la guerre, si ce n'est contre les citoyens ; qu'il est pénible, lorsqu'on doit absolument être battu, de payer le bâton. Qu'on les force de plus à loger des armées étrangères, et particulièrement des Autrichiens qui ont la main lourde, en leur qualité d'Allemands.

« Enfin, disent-ils, ce n'est pas là ce que le pape nous avait promis dans son *motu proprio* du 12 septembre ; et il est bien triste de voir des personnes infaillibles faillir à leurs engagements les plus sacrés. »

Je ne doute pas que ces doléances ne soient exagérées et il m'est impossible de supposer qu'une nation ait si terriblement raison contre ses maîtres. Nous examinerons les faits en détail et nous prononcerons après avoir vu. Nous n'en sommes pas là pour le moment.

Vous venez d'entendre le langage sinon de 3,124,668 hommes, au moins de la partie la plus intelligente, la plus vivante et la plus intéressante de la nation. Défalquez le parti conservateur, c'est-à-dire les hommes qui ont un intérêt dans le gouvernement et les malheureux qu'il a tout à fait abrutis; il ne reste que des mécontents.

Tous les mécontents ne sont pas de la même complexion. Les uns supplient poliment et inutilement le saint-père de réformer les abus: c'est le parti modéré. Les autres se proposent de mettre le gouvernement tout entier à la réforme; on les appelle radicaux, révolutionnaires ou démagogues, ce qui est une injure assez grave. Cette dernière catégorie n'est pas précisément difficile sur le choix des mesures à prendre. Elle pense, comme les casuistes de la compagnie de Jésus, que la fin justifie les moyens. Elle dit que si l'Europe la laisse en tête à tête avec le pape elle commencera par lui couper le cou.

Les modérés s'expriment clairement; les mazzinistes crient fort : il faudrait que l'Europe fût bien sotte pour ne pas comprendre les uns, et bien sourde pour ne pas entendre les autres.

Qu'arrive-t-il? Tous les États qui se soucient de la paix, de l'ordre public, de la civilisation, supplient le pape de corriger quelque chose. « Ayez pitié, lui dit-on, sinon de vos sujets, au moins de vos voisins, et sauvez-nous de l'incendie ! »

Toutes les fois que cette intervention se renouvelle, le pape fait appeler son secrétaire d'État. C'est un cardinal qui règne sur le saint-père dans les affaires temporelles comme le saint-père règne sur 139 millions de catholiques dans les affaires spirituelles. Il lui confie son embarras et lui demande ce qu'il faut faire.

Le secrétaire d'État, ministre de tous les ministères du pape, répond au vieux souverain sans hésiter : « D'abord, il n'y a pas d'abus ; ensuite, s'il y en avait, nous ne devrions pas y toucher. Réformer quelque chose, c'est faire une concession aux mécontents. Céder, c'est prouver qu'on a peur. Avouer qu'on a peur, c'est doubler la force de l'ennemi, ouvrir les portes à la révolution, et prendre le chemin de Gaëte où l'on est très-mal logé. Ne bougeons pas de chez nous. Je connais la maison ; elle n'est pas neuve, mais elle durera plus que Votre Sainteté, pourvu qu'on n'y fasse aucune réparation. Après nous le déluge : nous n'avons pas d'enfants.

—Il est vrai, dit le pape. Mais le souverain qui me supplie de faire quelque chose est un fils aîné de l'Église. Il nous a rendu de grands services ; il nous protége encore tous les jours, et je ne sais pas ce que nous deviendrions s'il nous abandonnait.

—Soyez tranquille, répond le cardinal, j'arrangerai diplomatiquement l'affaire. » Et il écrit en style entortillé une note invariable qui peut se résumer ainsi :

« Nous avons besoin de vos soldats et non de vos conseils, attendu que nous sommes infaillibles. Si vous faisiez mine d'en douter, et si vous essayiez de nous imposer quelque chose, même notre salut, nous nous voilerions la face de nos ailes, nous arborerions les palmes du martyre et nous deviendrions un objet de pitié pour tous les catholiques de l'univers. Or, nous avons chez vous 40,000 hommes qui ont le droit de tout dire et que vous payez de votre argent pour qu'ils parlent en notre faveur. Ils prêcheront à vos sujets que vous tyrannisez le saint-père, et nous mettrons votre pays en feu sans avoir l'air d'y toucher. »

II

NÉCESSITÉ DU TEMPOREL

« Pour le pontificat, il n'y a d'indépendance que la souveraineté même. C'est là un intérêt de premier ordre, qui doit faire taire les intérêts particuliers des nations, comme dans un État l'intérêt public fait taire les intérêts individuels. »

Ce n'est pas moi qui l'ai dit ; c'est M. Thiers, dans son rapport du mois d'octobre 1849, à l'Assemblée législative. Je ne doute pas que ce Père de l'Église temporelle n'ait exprimé les vœux de 139 millions de catholiques. C'est la catholicité tout entière qui disait à 3,124,668 Italiens, par l'organe de l'honorable rapporteur : « Dévouez-vous comme un seul homme. Notre chef religieux ne sera vénérable, auguste et indépendant, que s'il règne despotiquement sur vous. Si, par malheur, il ne portait plus une couronne d'or, si vous lui contestiez le privilége de faire des lois et de les violer; si vous perdiez l'habitude de lui apporter votre argent qu'il dépense pour notre édification et notre gloire, tous les souverains de l'univers le regarderaient comme un petit garçon. Faites donc taire votre intérêt particulier ; c'est un bavard. »

Je me flatte d'être catholique aussi fervent que M. Thiers lui-même, et, si j'avais la hardiesse de le réfuter, je le ferais au nom de notre foi commune.

Je vous accorde, lui dirais-je, que le pape doit être indépendant ; mais ne pourrait-il l'être à moins de frais ? Faut-il absolument que 3,124,668 hommes sacrifient leur liberté, leur sécurité et tous leurs biens les plus précieux, pour lui assurer cette indépendance dont nous sommes si heureux et si fiers ? Les apôtres étaient indépendants à meilleur marché; car ils ne faisaient le malheur de personne. Le plus indépendant des hommes n'est-il pas celui qui n'a rien à perdre ? Il va droit son chemin et ne ménage pas les puissances, par la raison bien simple que le conquérant le plus malintentionné ne pourrait rien lui prendre.

Les plus vastes conquêtes du catholicisme se sont faites dans un temps où le pape ne régnait point. Depuis qu'il est roi, le terrain conquis à l'Église se mesure par centimètres.

Les premiers papes, qui n'étaient pas rois, n'avaient pas de budget. Donc, ils n'avaient pas de déficit à combler tous les ans. Donc ils n'étaient pas forcés d'emprunter les millions de M. de Rothschild. Donc ils étaient plus indépendants que les papes couronnés.

Du jour où le spirituel et le temporel ont été enchaînés par le flanc comme deux pouvoirs siamois, le plus auguste des deux a perdu nécessairement de son indépendance. Tous les jours, ou peu s'en faut, le souverain-pontife est mis en demeure d'opter entre les intérêts généraux de l'Église et les intérêts particuliers de sa couronne. Croyez-vous qu'il soit assez dégagé des choses de ce monde pour sacrifier héroïquement la terre, qui est proche, au ciel qui est loin? Il ne serait pas homme. D'ailleurs, l'histoire est là. Je ne veux point rappeler les mauvais papes, qui auraient vendu le dogme de la Sainte-Trinité pour quatre lieues de pays : c'est un argument de tactique déloyale, et nous sommes trop délicats pour faire servir les mauvais papes à la confusion des médiocres. Mais, si le pape a légalisé le parjure de François Ier, après le traité de Madrid, était-ce pour faire respecter la moralité du saint-siége, ou pour rallumer une guerre utile à sa couronne?

S'il a organisé le trafic des indulgences et jeté dans l'hérésie une moitié de l'Europe, était-ce pour multiplier le nombre des catholiques ou pour doter une demoiselle?

S'il a fait alliance avec les protestants de Suède pendant la guerre de Trente ans, était-ce pour montrer le désintéressement de l'Église, ou pour abaisser la maison d'Autriche?

S'il a excommunié Venise, en 1606, était-ce pour attacher plus solidement la République à l'Église, ou pour servir les rancunes de l'Espagne contre les premiers alliés d'Henri IV?

S'il a révoqué l'institution des Jésuites, était-ce pour

renforcer l'armée de l'Église, ou pour complaire à la France qui le dominait ?

S'il a rompu ses relations avec les provinces espagnoles de l'Amérique, le jour où elles ont proclamé leur indépendance, était-ce dans l'intérêt de l'Église ou dans l'intérêt de l'Espagne ?

S'il a suspendu l'excommunication sur la tête des Romains qui portaient leur argent aux loteries étrangères, était-ce pour attacher leurs cœurs à l'Église, ou pour ramener leurs écus au trésor ?

M. Thiers sait tout cela mieux que moi, mais n'a-t-il pas songé qu'en coiffant du même bonnet le souverain spirituel de l'Église et le souverain temporel d'un petit pays, on condamnait l'un à servir l'ambition ou les nécessités de l'autre ? Nous voulons que le chef de la religion soit indépendant, et nous le forçons d'obéir en esclave à un malheureux principicule d'Italie ; subordonnant ainsi l'avenir de la religion à des intérêts locaux et à des questions de clocher !

La confusion de deux pouvoirs qui gagneraient à être séparés compromet non-seulement l'indépendance, mais aussi la dignité du pape. La triste obligation de gouverner les hommes le condamne à mettre ses mains dans des choses qu'il ne devrait pas toucher. N'est-il pas déplorable que les huissiers exproprient au nom du pape ? que les juges condamnent un assassin au nom du chef de l'Église ? que le bourreau coupe des têtes au nom du vicaire de Jésus-Christ ? N'y a-t-il pas je ne sais quoi de scandaleux dans l'association de ces deux mots :

Loterie pontificale ? Et que pensent les 139 millions de catholiques lorsqu'ils entendent leur souverain spirituel, par l'organe du prélat ministre des finances, s'applaudir que le vice est en progrès et que la loterie a bien donné ?

Les sujets du pape ne se scandalisent pas de ces contradictions, car ils y sont accoutumés. Elles frappent un étranger, un catholique, une simple unité prise au hasard dans les 139 millions ; elles lui inspirent un besoin irrésistible de défendre l'indépendance et la dignité de l'Église. Mais les habitants de Bologne ou de Viterbe, de Terracine ou d'Ancône sont plus occupés des intérêts nationaux que des intérêts religieux, soit parce qu'ils manquent du dévouement recommandé par M. Thiers, soit parce que le gouvernement des prêtres leur a fait prendre le ciel en horreur. Catholiques médiocres et citoyens excellents, ils réclament de tous côtés l'affranchissement de leur patrie. Les Bolonais prétendent qu'ils ne sont pas nécessaires à l'indépendance du pape, et qu'elle se passerait fort bien de Bolologne, comme elle se passe d'Avignon. Chaque ville en dit autant, et si on les écoutait toutes, le saint-père, affranchi des tracas de l'administration, pourrait se consacrer sans partage aux intérêts de l'Église et aux embellissements de Rome. Les Romains eux-mêmes, pourvu qu'ils ne soient ni princes, ni prêtres, ni domestiques, ni mendiants, assurent qu'ils se sont dévoués depuis assez longtemps, et que M. Thiers pourrait bien en dévouer d'autres.

CHAP. II.—NÉCESSITÉ DU TEMPOREL.

Gardons-nous de les croire sur parole. Mon parti est bien pris, et je ne m'intéresserai à leur sort qu'après avoir vu.

III

PATRIMOINE DU TEMPOREL

Les États du pape ne sont pas limités par la nature : ils se découpent sur la carte comme le hasard des événements les a faits et comme la bonhomie de l'Europe les a laissés. Une ligne imaginaire les sépare de la Toscane et de Modène; la pointe méridionale entre dans le royaume de Naples; la province de Bénévent est enclavée dans les États du roi Ferdinand, comme autrefois le Comtat-Venaissin dans le territoire français. Le pape enclave à son tour la république de Saint-Marin, ce Ghetto de la démocratie.

Je n'ai jamais jeté les yeux sur cette pauvre carte d'Italie, déchirée capricieusement en fractions inégales, sans faire une réflexion consolante.

La nature, qui a tout fait pour les Italiens, a pris soin d'enclore leur nation par des barrières magnifiques; les Alpes et la mer la protégent de tous côtés, l'isolent, la réunissent en un corps distinct et semblent la destiner à une existence personnelle. Pour comble de bonheur, aucune clôture intérieure ne condamne les

Italiens à former plusieurs peuples; l'Apennin lui-même, obstacle facile à franchir, leur permet de se donner la main. Toutes les divisions existantes sont arbitraires, tracées par la brutalité du moyen âge ou par la main tremblotante de la diplomatie, qui défait chaque jour ce qu'elle a fait la veille. Une seule race couvre le sol; la même langue se parle du nord au midi; tous les habitants sont unis par la gloire de leurs ancêtres et les souvenirs de la conquête romaine, plus jeunes et plus vivaces que les rancunes du XIVe siècle.

Ce spectacle me donne à penser que les peuples italiens seront un jour indépendants des autres et unis entre eux par la force de la géographie et de l'histoire, deux puissances plus invincibles que l'Autriche.

Mais je reviens à mes moutons, qui ont le pape pour berger.

Le royaume de quelques prêtres s'étend sur une surface de 4,129,476 hectares, selon la statistique publiée en 1857 par Mgr Milesi, aujourd'hui cardinal. En chiffres ronds, nous pouvons dire que les chefs de l'Église administrent temporairement 4 millions d'hectares ou 40,000 kilomètres carrés.

Aucun pays de l'Europe n'est doué plus richement, mieux fait pour l'agriculture, l'industrie et le commerce.

Traversé par les Apennins qui le divisent en deux parties à peu près égales, le domaine des papes descend en pente douce, d'un côté vers l'Adriatique, de l'autre vers la Méditerranée. Sur chacune de ces mers, il possède un pòrt excellent : à l'est, Ancône; à l'ouest, Civita-Vecchia. Si Panurge avait eu Ancône et Civita-Vecchia dans son royaume Salmigondinois, il n'aurait pas manqué de créer une marine. Les Phéniciens et les Carthaginois n'en possédaient pas tant.

Un fleuve, assez connu sous le nom de Tibre, arrose le versant occidental dans presque toute son étendue. Il se prêtait jadis aux besoins du commerce intérieur : les historiens romains l'ont vu navigable jusqu'à Pérouse. C'est à grand'peine aujourd'hui qu'on le remonte jusqu'à Rome; mais si l'on canalisait son lit et si l'on défendait au peuple d'y jeter des ordures, il rendrait plus de services et déborderait moins souvent. Le versant de l'Adriatique est traversé par de petits cours d'eau qui seraient très-utiles, si l'administration les aidait un peu.

La plaine est d'une fertilité prodigieuse. Plus d'un quart du pays peut être cultivé en blé. Le froment rend 15 pour 1 dans les bonnes terres, 13 dans les moyennes, 9 dans les plus médiocres. Les champs incultes se transforment spontanément en pâturages exquis. Le chanvre est admirable, lorsqu'on le cultive avec soin. La vigne et le mûrier prospèrent partout où on les plante. Les montagnes nourrissent les plus beaux oliviers et les meilleures olives de l'Europe. Un climat varié, mais généralement très-doux, fait mûrir les produits des latitudes les plus diverses. Le palmier et l'oranger réussissent dans une moitié du pays. Les plus riches troupeaux du monde encombrent la plaine en hiver, la montagne en été. Telle est la clémence du ciel que les chevaux, les vaches, les brebis vivent et se multiplient au grand air, sans connaître l'étable. Les buffles de l'Inde fourmillent dans les marais. Toutes les denrées nécessaires à la nourriture et à l'habillement de l'homme croissent facilement et comme avec joie sur cette terre privilégiée. Si les hommes y manquent de pain ou de chemises, la nature n'a pas de reproches à se faire, et la Providence s'en lave les mains.

Les trois règnes fournissent à l'industrie une abondance incroyable de matières premières. Voici du chanvre pour les cordiers, les filateurs et les tisserands; du vin pour les distillateurs; des olives pour les fabricants d'huile et de savon; de la laine pour les ouvriers en drap et en tapis; des cuirs et des peaux pour les tanneurs, les cordonniers et les gantiers, et de la soie à discrétion pour les industries de luxe. Le minerai de fer est médiocre dans le pays, mais l'île d'Elbe, qui en fournit d'excellent, est à deux pas. Les mines de cuivre et de plomb, que les anciens exploitaient avec profit, ne sont peut-être pas épuisées. Le combustible abonde dans 700,000 ou 800,000 hectares de forêts; et d'ailleurs la mer n'a rien de mieux à faire que de transporter la houille de Newcastle. Le sol volcanique de plusieurs provinces fournit des quantités énormes de soufre, et l'alun de la Tolfa est le premier alun du monde. Le quartz de Civita-Vecchia nous donnera du kaolin dont nous ferons de la porcelaine. Les carrières nous fourniront tous les matériaux de la construction, y compris le marbre et la pouzzolane, qui est du ciment romain presque tout fait.

Le cadastre de 1847 évaluait à plus de 870 millions les propriétés rurales soumises au pape. Encore la province de Bénévent est-elle restée en dehors de l'estimation. Et le ministre du commerce et des travaux publics nous avertissait que les biens n'étaient peut-être cotés qu'au tiers de leur valeur. C'est donc à deux milliards six cent dix millions qu'il faudrait porter la richesse agricole du pays. Si ce capital rendait tous les ans ce qu'il doit rendre, si le commerce et l'industrie multipliaient le revenu, comme il convient, par le mouvement et le travail, c'est M. de Rothschild qui emprunterait l'argent du pape à 6 pour 100 d'intérêt.

Attendez ! Je n'ai pas fini le dénombrement des richesses. Aux libéralités de la nature, il faut ajouter l'héritage du passé. Les pauvres païens de la grande Rome ont légué tout leur avoir au pape qui les damne. Ils lui ont légué des aqueducs gigantesques, des égouts prodigieux et des routes qui servent encore en plus d'un endroit, après vingt siècles d'usage. Ils lui ont légué le Colisée, pour qu'il y fît prêcher des capucins. Ils lui ont légué l'exemple d'une administration sans égale dans l'histoire. Mais la succession fut adoptée sous bénéfice d'inventaire.

Je ne vous dissimulerai pas plus longtemps que cet admirable territoire m'a semblé d'abord indignement cultivé. De Civita-Vecchia jusqu'à Rome, sur un parcours d'environ 16 lieues, la culture m'apparaissait comme un accident très-rare, auquel le sol n'était point accoutumé. Des prairies, des terres en friche, quelques broussailles, et à de longs intervalles un champ labouré par des bœufs; voilà le spectacle que je promets à tous ceux qui feront le voyage en avril. Ils ne rencontreront pas même ce qu'on trouve dans les déserts les plus incultes de la Turquie : une forêt. On dirait que l'homme a passé par là pour tout détruire, et que les troupeaux ont pris possession du sol après lui.

Les environs de Rome ressemblent à la route de Civita-Vecchia. Une ceinture de terrains incultes, mais non stériles, enveloppe cette capitale. Je me promenais dans tous les sens et quelquefois assez loin; la ceinture me parut bien large. Cependant, à mesure que je m'éloignais de la ville, je trouvais les champs mieux cultivés. On aurait dit que les paysans travaillaient avec plus de goût, à certaine distance de Saint-Pierre. Les routes, qui sont désastreuses autour de Rome, s'amélioraient peu à peu : on y rencontrait aussi plus de monde, et des visages plus riants. Les auberges devenaient plus habitables; au point que j'en fus étonné. Cependant, tant que je me tins sur le versant de la Méditerranée qui a Rome pour centre et qui subit plus directement son influence, l'aspect de la terre laissa toujours quelque chose à désirer. Je me figurais quelquefois que ces honnêtes cultivateurs craignaient de faire trop de bruit et de réveiller les moines à coups de pioche.

Mais quand une bonne fois j'eus franchi l'Apennin, quand je ne fus plus sous le vent de la capitale, je respirai comme une atmosphère de travail et de bon vouloir qui me ragaillardit le cœur. Les champs étaient non-seulement piochés, mais fumés, et, qui plus est, plantés. L'odeur des engrais me surprit beaucoup : j'en avais perdu l'habitude, car on ne fume pas la terre, sur le versant opposé. La vue des arbres et leur emploi me fit grand plaisir. Dans un champ semé de chanvre, ou de blé, ou de trèfle, de beaux ormes plantés en ligne se couronnaient d'une riche vendange. Quelquefois les ormes étaient remplacés par des mûriers. Que de biens à la fois, et que la terre est bonne fille ! Voilà du pain, du vin, des chemises, et des robes de soie pour madame, et du fourrage pour les bœufs ; l'orme aussi donne du fourrage. Saint-Pierre est une belle église, mais un champ bien cultivé est une admirable chose !

Je poussai jusqu'à Bologne à petits pas, toujours heureux, toujours souriant à la fécondité de la terre et à la vaillance de l'homme. Puis il fallut reprendre le chemin de Saint-Pierre et rentrer insensiblement dans la désolation des campagnes.

J'en eus pour longtemps à réfléchir sur ce que j'avais vu, et une idée inquiétante se glissa dans mon esprit sous forme géométrique. Il me sembla que l'activité et la prospérité des sujets du pape étaient en raison directe du carré des distances qui les séparent de la capitale ; ou, pour parler plus humainement, que l'ombre des monuments de Rome nuisait à la culture du pays. Rabelais dit que l'ombre des monastères est féconde, mais c'est dans un autre sens.

Je soumis mon doute à un vénérable ecclésiastique qui s'empressa de me détromper. « Le pays n'est pas inculte, me dit-il, et s'il l'est, c'est par la faute des sujets du pape. Ce peuple est fainéant par nature, quoique 21,415 moines lui prêchent le travail. »

IV

LES SUJETS DU TEMPOREL

Le 14 mai 1856, M. de Rayneval, ambassadeur de France à Rome, tendre ami des cardinaux, et par conséquent ennemi passionné de leurs sujets, définissait ainsi le peuple italien :

« Une nation profondément divisée, animée d'ambitions ardentes, n'ayant aucune des qualités qui font la grandeur et la puissance des autres, dénuée d'énergie, manquant complétement de l'esprit militaire comme de l'esprit d'association, ne connaissant ni le respect de la loi, ni le respect des supériorités sociales. »

M. de Rayneval sera canonisé dans cent ans (si rien ne change), pour avoir si galamment défendu les opprimés.

Je ne crois pas sortir de mon programme, en essayant de refaire ce portrait, car les sujets du pape sont des Italiens comme les autres, semblables à tous les autres, et il n'y a qu'une seule nation dans la Péninsule. La différence des climats, le voisinage des étrangers, la trace des invasions, peuvent modifier le type, changer l'accent, varier quelque peu le langage ; il n'en est pas moins vrai que les Italiens sont les mêmes partout, et que la classe moyenne, cette élite des peuples, pense et parle de la même façon depuis Turin jusqu'à Naples.

Beaux, robustes et sains, quand l'incurie des gouvernements ne les a pas livrés à la *mal'aria*, les Italiens sont en outre les esprits les mieux doués de l'Europe. M. de Rayneval, qui n'est pas homme à les flatter, leur accorde « l'intelligence, la pénétration, la compréhension de toutes choses. » La culture des arts leur est aussi naturelle que l'étude des sciences ; leurs premiers pas dans toutes les carrières ouvertes à l'esprit sont d'une rapidité singulière, et si la plupart d'entre eux s'arrêtent avant le but, c'est que des circonstances déplorables leur barrent presque toujours le chemin. Dans les affaires privées et publiques, ils ont le coup d'œil vif et une sagacité poussée jusqu'à la défiance. Aucune race n'est plus habile à faire et à discuter les lois ; ils triomphent dans la législation et la jurisprudence. L'idée de la loi a germé en Italie dès la fondation de Rome, et c'est le plus beau fruit de ce sol miraculeux. Ils possèdent encore à un haut degré le génie administratif ; l'administration est née au milieu d'eux pour la conquête du monde, et les plus grands administrateurs qu'on rencontre dans l'histoire, César et Napoléon, sont sortis de la race italienne.

Ainsi dotés par la nature, ils ont le sentiment de leurs aptitudes, et ils le poussent quelquefois jusqu'à l'orgueil. Le désir légitime d'exercer les facultés qu'ils ont reçues dégénère en ambition, mais leur orgueil ne semblerait pas risible, ni leur ambition extravagante, s'ils avaient les mains libres pour agir. Pendant une longue série de siècles, ils ont été parqués dans un espace étroit par de petits gouvernements despotiques. L'impossibilité de viser au grand et le besoin d'agir qui les travaillait malgré tout, les ont poussés à des querelles misérables et à des guerres de clocher. Est-ce à dire qu'ils soient incapables de se fondre en corps de nation? Je ne le crois nullement. Ils s'unissent déjà pour implorer le roi de Piémont et applaudir M. de Cavour. Si cette preuve ne vous suffit pas, tentez une expérience. Otez les barrières qui les séparent; je parie qu'ils seront bientôt unis. Mais les garde-barrières sont le roi de Naples, le grand-duc de Toscane, l'Autriche, le pape, etc.; voudront-ils donner les clefs?

Je ne sais pas quelles sont « les qualités qui font la grandeur et la puissance des autres nations, » par exemple, de la nation autrichienne. Mais je vois bien peu de qualités physiques, intellectuelles ou morales qui manquent aux Italiens. Sont-ils dépourvus d'énergie? M. de Rayneval le dit. C'est l'excès contraire que je leur aurais reproché. La défense absurde, mais vigoureuse, de Rome contre nous est le fait d'un peuple énergique. Dirons-nous qu'une armée française a été tenue en échec pendant deux mois par des hommes sans énergie? Il faudrait que nous fussions bien modestes! Les coups de couteau qui tombent drus comme grêle dans les rues de Rome accusent peut-être la faiblesse de la police, mais ils ne démontrent pas la mollesse des habitants. Je lis dans une statistique officielle qu'en 1853 les tribunaux romains ont puni 609 crimes contre les propriétés et 1,344 contre les personnes. Ces chiffres n'annoncent pas un peuple sans défaut; cependant ils prouvent un penchant médiocre pour le vol honteux et une énergie diabolique. La même année, les cours d'assises jugeaient en France 3,719 hommes accusés de vol, et 1,921 prévenus de crimes contre les personnes. C'est la proportion renversée : les voleurs sont en majorité chez nous. Et cependant nous sommes gens énergiques.

Si les Italiens le sont aussi, on n'aura pas beaucoup de peine à en faire des soldats. M. de Rayneval assure qu'ils manquent complétement de l'esprit militaire ; c'est sans doute un cardinal qui le lui a dit. Est-ce que les Piémontais de la Crimée manquaient de l'esprit militaire ?

M. de Rayneval et les cardinaux veulent bien reconnaître le courage des Piémontais, mais ils assurent que le Piémont n'est pas en Italie : ses habitants sont moitié Suisses, moitié Français. « Leur langage n'est pas italien, non plus que leurs mœurs, et la preuve, c'est qu'ils ont le véritable esprit militaire et monarchique, inconnu au reste de l'Italie. » A ce compte, il serait bien facile de démontrer que les Alsaciens et les Bretons ne sont pas Français : les uns, parce qu'ils sont les meilleurs soldats de l'Empire et qu'ils disent *mein-*

herr dans toutes les circonstances où nous dirions *monsieur*; les autres, parce qu'ils ont l'esprit monarchique et qu'ils appellent *butun* ce que nous appelons *tabac*. Mais tous les soldats de l'Italie ne sont pas en Piémont. Le roi de Naples a une bonne armée. Le grand-duc de Toscane s'en est fait une qui le défend et lui suffit; les petits duchés de Modène et de Parme ont quelques jolis régiments. La Lombardie, la Vénétie, le duché de Modène et une moitié des États du pape ont donné des héros à la France. Napoléon s'en souvenait à Sainte-Hélène; c'est écrit.

Quant à l'esprit d'association, je ne sais pas où on le trouvera, s'il ne règne pas en Italie. Qui est-ce qui gouverne le monde catholique? Une association. Qui est-ce qui gaspille les finances des pauvres Romains? Une association. Qui est-ce qui accapare leurs blés, leurs chanvres, leurs huiles? Une association. Qui est-ce qui dévaste les forêts de l'État? Une association. Qui est-ce qui exploite les grandes routes, arrête les diligences, pille les voyageurs? Cinq ou six associations. Qui est-ce qui s'agite à Gênes, à Livourne, à Rome? Le parti national, réuni secrètement en association.

J'accorde que les Romains respectent médiocrement la loi; c'est qu'il n'y a pas de loi dans leur pays. Ils respectent le Code Napoléon, puisqu'ils le demandent à genoux; ils ne respectent pas le caprice officiel de leurs maîtres. Certes, je ne suis pas un homme de désordre, mais quand je songe qu'une fantaisie du cardinal Antonelli, couchée sur une feuille de papier, a force de loi dans le présent et l'avenir, je comprends le mépris des lois dans toute sa révolte et son insolence.

Quant aux supériorités sociales, m'est avis que les Italiens les respectent encore beaucoup trop. Lorsque je vous aurai promené une demi-heure dans les rues de Rome, vous vous demanderez à quoi un prince romain pourrait bien être supérieur. Cependant les Romains témoignent un respect sincère à leurs princes : l'habitude est si forte ! Si je vous faisais remonter à la source de quelques grandes fortunes de ma connaissance, vous vous insurgeriez avec des pierres et des bâtons contre la supériorité de l'argent. Et pourtant les Romains, éblouis par les écus, sont pleins de respect pour les riches. Si je vous.... Mais la nation italienne me semble assez justifiée. Ajoutons seulement que s'il est facile de l'entraîner au mal, il est encore plus aisé de la ramener au bien; qu'elle est passionnée, violente, mais point mauvaise, et qu'il suffit d'un bon procédé pour lui faire oublier les rancunes les plus légitimes.

Ajoutons encore, et pour finir, que les Italiens ne sont pas amollis par le climat au point de détester le travail. Le voyageur, qui a vu quelques portefaix dormir à midi, revient conter à l'Europe que ces gens ronflent du matin au soir; qu'ils ont peu de besoins, et travaillent juste assez pour les satisfaire au jour le jour. Je vous montrerai bientôt les ouvriers de la campagne acharnés au travail comme nos paysans, et sous un bien autre soleil: vous les verrez économes, prévoyants et rangés comme les nôtres, quoiqu'ils soient plus hospitaliers et plus charitables que les nôtres. Si le petit peuple des villes se laisse aller au gaspillage, à la paresse ou à la mendicité, c'est lorsqu'il sait que les efforts les plus héroïques et les économies les plus sévères ne pourraient lui donner ni capital, ni indépendance, ni position. Ne confondons pas le découragement avec le manque de courage, et ne taxons pas d'oisiveté un pauvre diable écrasé par les carrosses.

Les sujets du pape sont au nombre de 3,124,668, ce n'est pas la première fois que je le dis. Cette population est répartie inégalement sur le territoire. Il y a presque deux fois plus d'habitants dans les provinces de l'Adriatique que sous les yeux du pape et autour de la capitale, dans les provinces de la Méditerranée.

Les pieux économistes, qui veulent que tout soit pour le mieux sous le plus sacré des gouvernements, ne se feront pas faute de vous dire :

« Notre État et un des plus peuplés de l'Europe : donc il est un des mieux gouvernés. La population moyenne de la France est de 67 habitants et demi par kilomètre carré; celle de l'État romain est de 75 sept-dixièmes. Il suit de là que si l'Empereur des Français voulait adopter notre mode d'administration, il ferait croître 8 habitants 2 dixièmes de plus sur chaque kilomètre carré.

« La province d'Ancône, qui est occupée par les Autrichiens et gouvernée par les prêtres, possède

155 habitants au kilomètre. Le quatrième département de la France, le Bas-Rhin, n'en compte que 129. Il est donc évident que le Bas-Rhin demeurera dans une infériorité relative, tant qu'il ne sera pas gouverné par des prêtres et occupé par des Autrichiens.

« La population de notre heureux pays s'est accrue d'un tiers entre 1816 et 1853, dans un espace de 37 ans. Un si beau résultat ne saurait être attribué qu'à l'excellente administration du saint-père et aux prédications de 38,320 prêtres et religieux qui protégent la jeunesse contre l'influence délétère des passions[1].

« Vous remarquerez que les Anglais ont la rage du déplacement. Dans l'intérieur même de leur pays, ils changent de domicile et de comté avec une mobilité incroyable : c'est sans aucun doute parce que leur pays est malsain et mal administré. Dans l'Eldorado que nous gouvernons, on ne compte pas plus de 178,943 individus qui aient déménagé d'une province dans une autre : donc chacun de nos sujets se trouve bien chez soi. »

Je ne dissimule pas l'éloquence de ces chiffres, et je ne suis pas de ceux qui prétendent que la statistique donne raison à tout le monde. Mais il me semble tout naturel qu'un pays riche, entre les mains d'un peuple agriculteur, nourrisse 75 habitants par kilomètre carré,

[1] Préface de la *Statistique officielle* de 1853, page 64.

sous n'importe quel gouvernement. Ce qui m'étonne, c'est qu'il n'en nourrisse pas davantage. Ce que je vous promets, c'est qu'il en nourrira beaucoup plus, dès qu'il sera mieux administré.

La population de l'État s'est accrue d'un tiers en 37 ans. Mais celle de la Grèce a triplé entre 1832 et 1853. Cependant la Grèce jouit d'un gouvernement détestable : je me pique de l'avoir assez correctement démontré. L'accroissement de la population prouve la vitalité des races et non la sollicitude des administrateurs. Je ne croirai jamais que 770,000 enfants soient nés entre 1816 et 1853 par l'intervention des prêtres. J'aime mieux supposer que la nation italienne est vigoureuse, morale, portée au mariage, et qu'elle n'a pas encore désespéré de l'avenir.

Enfin, si les sujets du pape restent chez eux sans trop déménager, c'est peut-être parce que les communications sont difficiles, peut-être parce que l'administration est chiche de passe-ports, peut-être aussi parce qu'ils savent bien qu'ils trouveraient partout les mêmes prêtres, les mêmes juges, et les mêmes impôts.

Sur une population de 3,124,668 hommes, l'État romain compte plus d'un million de cultivateurs et pasteurs. Les ouvriers sont au nombre de 258,872, et les domestiques un peu plus nombreux que les ouvriers. La statistique en donne environ 30,000 de plus. Le commerce, la Banque et les affaires n'occupent pas tout à fait 85,000 personnes.

Les propriétaires sont au nombre de 206,558. Ils

forment environ un quinzième de la population. Nous en avons davantage en France. Les statistiques officielles de l'État romain nous disent que si la fortune nationale était également répartie entre tous les propriétaires, chacune des 206,558 familles serait à la tête d'un capital de plus de 17,000 francs. Mais elles ont négligé de nous apprendre que tel propriétaire possède 22,000 hectares, et tel autre un tas de cailloux.

Il est à remarquer que la division des propriétés, comme toutes les bonnes choses, augmente à mesure qu'on s'éloigne de la capitale. La province de Rome possède 1,956 propriétaires sur 176,002 habitants : c'est environ 1 sur 90. La province de Macerata, vers l'Adriatique, en compte 39,611 sur une population de 243,104 personnes. C'est environ 1 propriétaire sur 6 habitants, et cela revient à dire que, dans la province de Macerata, il y a presque autant de propriétés que de familles.

« L'Agro Romano, que Rome mit plusieurs siècles à conquérir, est encore de nos jours la propriété de 113 familles et de 64 corporations[1]. »

[1] *Études historiques sur Rome*, par le comte de Tournon.

V

LES PLÉBÉIENS

Les sujets du saint-père sont divisés, par la naissance et la fortune, en trois classes bien dictintes : noblesse, bourgeoisie et plèbe. L'Évangile a oublié de consacrer l'inégalité des hommes, mais la loi de l'État, c'est-à-dire la volonté des papes, la maintient soigneusement : Benoît XIV la déclarait honorable et salutaire dans sa bulle du 4 janvier 1746, et Pie IX s'est exprimé dans les mêmes termes au commencement de son *Chirografo* du 2 mai 1853.

Si je ne compte pas le clergé au nombre des classes de la société, c'est qu'il est étranger à la nation par ses intérêts, par ses priviléges et souvent par son origine. Les cardinaux et les prélats ne sont pas, à proprement parler, les sujets du pape, mais plutôt les associés de sa toute-puissance.

La division des classes est surtout sensible à Rome, autour du trône pontifical. Elle s'efface par degrés insensibles, comme beaucoup d'autres abus, à mesure qu'on s'éloigne de la source. Il y a des abîmes sans fond entre le noble romain et le bourgeois de Rome, entre le bourgeois de Rome et le plébéien de la ville. Le plébéien lui-même, chargé du mépris des deux classes supérieures, en laisse retomber quelque chose sur les paysans qu'il rencontre au marché : c'est une cascade. A Rome, grâce aux traditions de l'histoire et à l'éducation donnée par les papes, l'inférieur croit sortir de son néant et devenir quelque chose en quêtant la faveur et l'appui d'un supérieur. Un système de patronage et de clientèle agenouille le plébéien devant un homme de la classe moyenne, qui s'agenouille devant un prince, qui s'agenouille à son tour et plus bas que tous les autres, devant le clergé souverain. A vingt lieues de la ville, on ne s'agenouille plus guère ; au delà des Apennins, plus du tout. Si vous allez jusqu'à Bologne, vous admirerez dans les mœurs une égalité toute française : c'est qu'en effet Napoléon a passé par là.

La valeur absolue des hommes de chaque catégorie va croissant dans le même ordre, suivant le carré des distances. Vous pouvez être à peu près sûr qu'un noble romain est moins instruit, moins capable et moins libre qu'un gentilhomme des Marches ou de la Romagne. La classe moyenne, à part quelques exceptions dont je vous parlerai bientôt, est infiniment plus nombreuse, plus riche et plus éclairée à l'est des Apennins que dans la capitale et aux environs. Les plébéiens eux-mêmes ont plus d'honnêteté et de moralité, lorsqu'ils vivent à une distance respectueuse du Vatican.

Les plébéiens de la Ville éternelle sont de grands enfants mal élevés que l'éducation a diversement pervertis. Le gouvernement qui vit au milieu d'eux, et qui les craint, les traite doucement. Il leur demande peu d'impôts ; il leur donne des spectacles et quelquefois du pain : *panem et circenses*, la recette des empereurs de la décadence. Il ne leur apprend pas à lire, il ne leur défend pas de mendier. Il leur envoie des capucins à domicile : le capucin forme les enfants, donne des numéros de loterie à la femme, boit chopine avec le mari. Les plébéiens de Rome sont sûrs de ne pas mourir de faim : s'ils n'ont pas de pain à la maison, ils peuvent en prendre dans la corbeille d'un boulanger, la loi le permet. Tout ce qu'on leur demande, c'est d'être bons chrétiens, de se prosterner devant les prêtres, de s'humilier devant les grands, de s'incliner devant les riches et de ne point faire de révolutions. Ils sont punis sévèrement lorsqu'ils refusent de communier à Pâques ou qu'ils parlent des saints avec peu de respect. Le tribunal du vicariat n'entend pas raison sur ce chapitre ; mais la police est coulante sur tout le reste. On leur pardonne le crime, on les encourage dans la bassesse ; la seule chose qu'on ne leur passe jamais, c'est la revendication d'une liberté, la révolte contre un abus, l'orgueil d'être homme.

Ce qui m'étonne le plus, c'est qu'après une telle éducation ils vaillent encore quelque chose. La pire moitié du peuple est celle qui habite le quartier des Monts. Si quelque jour, en cherchant le couvent des néophytes ou la maison de Lucrèce Borgia, vous vous engagez par accident au milieu de ces rues étroites et pavées d'immondices, vous coudoierez quelques milliers de gens perdus, voleurs, escrocs, joueurs de guitare, modèles, mendiants, cicerones, rufians de leurs femmes et de leurs filles. Avez-vous affaire à eux ? Ils vous donneront de l'Excellence, vous baiseront les mains et emporteront votre mouchoir. Je ne crois pas qu'en aucun lieu de l'Europe, pas même à Londres, on rencontre une pire engeance. Du reste, ils sont tous *pratiquants*, sans toutefois croire en Dieu. La police est pleine de tolérance; elle les inquiète rarement. Ils vont bien en prison quelquefois, mais un mot de recommandation ou l'insuffisance du local les rend bientôt à la liberté. Leurs voisins, ouvriers honnêtes, s'égarent comme eux de temps à autre. Ils ont gagné gros en hiver et tout mangé en carnaval, suivant l'usage. L'été vient, les étrangers s'en vont; plus de travail et plus d'argent. L'éducation morale, qui pourrait les soutenir, leur manque. Le besoin de paraître, maladie romaine, les tracasse. La femme se vend, si elle est jolie, ou c'est l'homme qui fait un mauvais coup.

Ne les jugez pas trop sévèrement ; songez qu'ils n'ont rien lu, qu'ils ne sont jamais sortis de Rome, que l'exemple du faste leur est donné par les cardinaux, l'exemple de l'inconduite par les prélats, l'exemple de la vénalité par les fonctionnaires, l'exemple du gaspillage par le ministère des finances. Songez surtout qu'on a pris soin d'arracher de leur cœur, comme une mauvaise herbe, ce beau sentiment de la dignité humaine, qui est le principe de toutes les vertus.

Il faut que la race italienne ait le sang bien généreux pour qu'une notable partie de la plèbe romaine ait gardé ses mâles vertus. J'ai rencontré dans le Transtevère des hommes simples, grossiers, violents, terribles quelquefois, mais véritablement hommes ; chatouilleux dans leur honneur, au point de tuer net celui qui leur manque de respect. Ils sont ignorants comme le peuple des Monts ; ils ont reçu les mêmes leçons et assisté aux mêmes exemples ; ils ont la même imprévoyance, la même ardeur au plaisir, la même brutalité dans leurs passions; mais ils ne sont pas capables de se courber, même pour ramasser quelque chose.

Un gouvernement digne de gouverner tirerait parti de cette force ignorante. Il faudrait la dompter d'abord et la diriger ensuite. Tel joue du couteau dans les cabarets, qui ferait un admirable soldat sur le champ de bataille ; mais nous sommes dans la capitale du pape. Les Transtévérins ne s'attaquent ni à Dieu ni au gouvernement ; ils ne se mêlent ni de religion ni de politique, c'est tout ce qu'on leur demande. Et, pour prix de leur sagesse, une administration paternelle leur permet de s'égorger entre eux.

Ni les Transtévérins, ni le peuple des Monts ne donnent signe de vie politique, et les cardinaux s'en frottent les mains : ils s'admirent d'avoir entretenu tant d'hommes dans une profonde ignorance de tous leurs droits. Je ne suis pas bien sûr que la spéculation soit heureuse.

Supposez, par exemple, que les comités démocratiques de Londres et de Livourne envoient quelques officiers de recrutement dans la capitale du pape. Un plébéien honnête, doux, éclairé, y regarderait peut-être à deux fois avant de s'enrôler. Il pèserait le pour et le contre et tiendrait quelque temps la balance suspendue entre les vices du gouvernement et les dangers de la révolution. Mais la canaille des Monts prendra feu comme un tas de paille pour peu qu'on lui montre à l'horizon les profits d'une bagarre ; et les sauvages du Transtevère se déchaîneront tous à la fois si on leur fait voir dans le despotisme un attentat contre leur honneur. Mieux vaudrait une plèbe raisonneuse et composée de sages ennemis : le pape aurait souvent à compter avec elle ; mais il n'aurait jamais à trembler devant elle.

Je souhaite que les maîtres du pays n'aient plus de batailles à livrer contre la plèbe de Rome. Elle s'est laissé emporter bien facilement par les meneurs de 1848, et cependant le nom de république résonnait à ses oreilles pour la première fois. L'a-t-elle oublié ? Non. Elle se souviendra longtemps de cette parole magique, qui avait mis les grands en bas et les petits en haut. D'ailleurs les démagogues cachés qui s'agitent par la ville ne rassemblent pas les ouvriers dans le quartier de la *Regola* pour leur prêcher la soumission.

Je vous ai dit que les plébéiens de Rome méprisent les plébéiens de la campagne. Il ne sont pourtant pas méprisables, même sur le versant de la Méditerranée. Dans cette malheureuse moitié de l'État pontifical, l'influence du Vatican n'a pas encore perdu toutes les âmes. Le peuple est malheureux, ignorant, crédule, un peu farouche quelquefois, mais bon, hospitalier et généralement honnête. Si vous voulez l'étudier de près, faites-vous conduire à quelque village de la province de Frosinone, vers la frontière du royaume de Naples. Traversez les grandes plaines inhabitées où la *mal'aria* fleurit au soleil; prenez le chemin rocailleux qui escalade péniblement la montagne; vous ne tarderez pas à rencontrer une ville de 5,000 à 10,000 âmes qui sert de dortoir à 5,000 ou 10,000 paysans. Du plus loin qu'on l'aperçoit, cette cité rustique a un certain aspect grandiose; le dôme d'une église, les larges bâtiments d'un cloître, la tour d'un château féodal, vous donnent à penser que c'est quelque chose. Une légion de femmes descendent à la fontaine avec des conques de cuivre sur la tête : vous souriez d'instinct; voilà le mouvement et la vie. Entrez! quelque chose de froid, d'humide, de nocturne vous saisit. Les rues sont des escaliers étroits qui rampent de temps en temps sous des voûtes. Les maisons fermées semblent désertes depuis un siècle. Personne aux portes, personne aux fenêtres, personne dans la rue. Vous pourriez croire que la malédiction du ciel est tombée sur le pays, si de grosses inscriptions placardées sur chaque façade ne prouvaient que les missionnaires viennent de passer. « Vive Jésus! vive Marie! vive le sang de Jésus! vive le cœur de Marie! Blasphémateurs, taisez-vous, pour l'amour de Marie! » Ces sentences religieuses sont comme les enseignes de la naïveté publique. Après un quart d'heure de promenade, vous débouchez sur la grande place. Une demi-douzaine d'employés civils, assis en rond sur des chaises, bâillent à l'unisson devant la porte d'un café. Vous vous asseyez avec eux; ils vous demandent des nouvelles du roi Louis-Philippe; vous leur demandez quelle est l'épidémie qui a dépeuplé le pays. Mais bientôt une trentaine de marchands et de marchandes viennent étaler sur le pavé un assortiment de fruits, de légumes et de salades. Où sont les acheteurs qui payeront tous ces biens de la terre? Les voici. La nuit approche, toute la population revient à la fois du travail des champs. Elle est belle, elle est forte, elle ferait de beaux régiments. Tous ces hommes à demi vêtus, qui rentrent avec une pioche sur le dos, se sont levés ce matin deux heures avant le soleil pour sarcler un petit champ ou remuer la terre autour de quelques oliviers. Plus d'un a son domaine à six kilomètres du village; il y va tous les jours avec son enfant et son cochon. Le cochon n'est pas gras; l'homme et l'enfant sont fort maigres, cependant ils sont gais; ils ont cueilli des fleurs sur le chemin; le fils est couronné de roses comme Lucullus à table. Le père achète deux salades avec une galette de maïs, elles feront le souper de la famille. On dormira par là-dessus, si les puces ne s'y opposent pas. Voulez-vous suivre ces pauvres gens chez eux? ils vous feront bon accueil, et le premier mot qu'ils vont vous dire sera pour vous inviter à souper. Leur mobilier est bien simple, leur conversation bien pauvre : les cerveaux sont meublés comme les maisons.

La femme attend son seigneur au logis ; c'est elle qui vous ouvrira la porte. De tous les animaux utiles, la femme est celui que le paysan romain emploie avec le plus de profit. Elle fait le pain, la galette de blé turc, le mortier ; elle file, elle tisse, elle coud ; elle va tous les jours chercher le bois à trois milles et l'eau à un mille et demi ; elle porte sur sa tête la charge d'un mulet ; elle travaille depuis le lever jusqu'au coucher du soleil sans se révolter et même sans se plaindre. Les enfants qu'elle fait en grand nombre et qu'elle nourrit elle-même sont une ressource précieuse : dès l'âge de quatre ans, on peut les employer à garder d'autres animaux.

Ne demandez pas à ces campagnards ce qu'ils pensent de Rome et du gouvernement : ils n'ont qu'une notion vague de ces sortes de choses. Le gouvernement, pour eux, c'est un employé à 75 francs par mois qui les administre et leur vend la justice. Rome ne leur a jamais rien donné, que ce monsieur. En échange d'un tel bienfait, ils payent des impôts assez lourds : tant pour la maison, tant pour le champ, tant pour la famille, tant pour les animaux, tant pour le droit d'allumer du feu, tant sur le vin, tant sur la viande, lorsqu'ils se donnent le luxe de manger de la viande. Ils se plaignent sans amertume, et regardent les impôts comme une grêle périodique sur leurs récoltes de l'année. S'ils apprenaient que Rome vient d'être engloutie par un tremblement de terre, ils ne prendraient pas le deuil : ils iraient à leurs champs, comme d'habitude, ils vendraient leur récolte au prix ordinaire, et ils payeraient moins d'impôts. Voilà ce qu'on pense de la capitale dans toutes les villes de paysans. Chaque commune vit par soi et pour soi ; c'est un corps isolé qui a des bras pour travailler et un ventre à remplir. L'agriculture est tout, comme en plein moyen âge. Il n'y a ni commerce, ni industrie, ni grandes affaires, ni mouvement dans les idées, ni vie politique, ni aucun de ces liens puissants qui attachent nos villes à la capitale, comme les membres au cœur.

S'il y a une capitale pour ces pauvres gens, c'est le paradis. Ils y croient fermement, ils y tendent de tout leur pouvoir. Tel qui se plaint de payer deux écus pour son foyer, en donne deux et demi pour faire écrire sur sa porte : *Viva Maria !* Tel autre regrette les 75 francs du gouverneur, sans songer que la commune nourrit une trentaine de prêtres. Ils ont une douce maladie qui les console de tous leurs maux : c'est la foi. Elle ne les empêche pas de donner un coup de couteau lorsque le vin les allume ou que la colère les pousse ; mais elle ne leur permettra jamais de faire gras le vendredi.

Il faut les voir un jour de grande fête pour admirer l'ardeur de leur naïveté. Hommes, femmes, enfants, tout le monde court à l'église. Un tapis de fleurs s'étend sur les chemins, la joie rayonne sur tous les visages. Qu'est-il donc arrivé de nouveau ? Ce qui est arrivé ! La Saint-Antoine ! On chante la messe en musique, en l'honneur de saint Antoine. On organise une procession pour fêter saint Antoine ; les petits garçons se déguisent en anges ; les hommes revêtent le camail de leurs confréries : voici les paysans du cœur de Jésus ; voilà ceux du nom de Marie ; voilà les âmes du purgatoire. La procession s'organise un peu confusément. On s'embrasse, on se culbute, on se bat, le tout en l'honneur de saint Antoine. Enfin, la statue sort de l'église : c'est une poupée de bois, avec des joues très-rouges : Victoire ! Les pétards s'allument, les femmes pleurent de joie, les bambins crient à plein gosier : « Vive saint Antoine ! » Le soir, grand feu d'artifice : un ballon, modelé à l'image et ressemblance du saint, monte au-dessus de l'église et crève magnifiquement. Saint Antoine serait bien difficile, si un tel hommage ne lui allait pas droit au cœur. Et les plébéiens de la campagne me paraîtraient bien exigeants, si, après une fête si enivrante, ils se plaignaient de manquer de pain.

Passons les Apennins ; cela repose. Quoique la population ne soit pas suffisamment abritée par une chaîne de montagnes, vous trouverez dans les villes et dans les villages l'étoffe d'une magnifique nation. L'ignorance est toujours grande, le sang toujours chaud, la main toujours vive ; mais déjà les hommes raisonnent. Si l'ouvrier des villes n'est pas heureux, il devine pourquoi ; il cherche un remède, il prévoit, il épargne. Si le colon n'est pas bien riche, il étudie avec son propriétaire les moyens de s'enrichir. Partout la culture est en progrès, et bientôt elle n'aura plus de progrès à faire. L'homme devient meilleur et plus grand à force de lutter contre la nature ; il sait ce qu'il vaut, il voit où il va ; en cultivant son champ, il se cultive lui-même.

Mais j'avoue, pour être vrai, que la religion perd du terrain dans ces belles provinces. J'ai cherché vainement dans les villes de l'Adriatique ces inscriptions de « vive Jésus ! vive Marie ! » qui m'avaient édifié de l'autre côté des monts. A Bologne, j'ai lu des sonnets au coin de toutes les rues : sonnet au docteur Massarent qui a guéri madame Tagliani ; sonnet au jeune Guadagni, à l'occasion de son baccalauréat, etc., etc. A Faënza, les inscriptions peintes sur tous les murs trahissaient bien un certain fanatisme, mais le fanatisme de l'art dramatique : « Vive la Ristori ! Vive la divine Rossi ! » A Rimini, à Forli, j'ai lu : « Vive Verdi ! Vive la Lotti ! vive Ferri, Cornaro, Rota, Mariani, et même (j'en demande pardon aux abonnés de l'Opéra) vive la Medori ! »

Lorsque j'allai visiter auprès d'Ancône la sainte maison de Lorette qui fut apportée de Palestine, avec son mobilier, entre les bras de quelques anges, je vis entrer dans l'église une troupe de pèlerins qui marchaient sur leurs genoux en versant des larmes et en léchant les dalles. Je supposai que ces bons paysans appartenaient à quelque commune du voisinage, mais un ouvrier d'Ancône qui se trouvait là m'avertit que je me trompais. « Monsieur, me dit-il, les malheureux que vous voyez, habitent de l'autre côté des Apennins, puisqu'ils font encore des pèlerinages. Il y a cinquante ans que nous n'en faisons plus : nous travaillons. »

VI

LA CLASSE MOYENNE

La classe moyenne est, sous tous les climats et dans tous les siècles, le fond solide des États. Elle représente non-seulement la richesse et l'indépendance, mais la capacité et la moralité d'un peuple. Entre l'aristocratie qui met son orgueil à ne rien faire, et la plèbe qui travaille pour ne pas mourir de faim, la bourgeoisie s'achemine librement vers un avenir de fortune et de considération. Quelquefois la classe élevée est hostile au progrès parce qu'elle en a peur; trop souvent la classe inférieure y est indifférente, faute de comprendre ce qu'elle y pourrait gagner; jamais la classe moyenne n'a cessé d'y tendre de toutes ses forces, par un instinct irrésistible, et même au péril de ses intérêts les plus chers. M. Guizot nous a montré l'empire romain périssant faute de classe moyenne au ve siècle de notre ère. Et ne voyons-nous pas nous-mêmes avec quelle impétuosité de progrès la France a grandi de jour en jour depuis la révolution bourgeoise de 1789 ?

Non-seulement la classe moyenne a le privilége de faire les révolutions utiles; c'est elle aussi qui revendique l'honneur de réprimer les émeutes et de s'opposer comme une barrière au débordement des passions basses.

Il est donc à souhaiter que cette classe honorable soit aussi nombreuse et aussi forte que possible dans le pays que nous étudions; car elle est, d'un côté, l'héritière légitime du pouvoir temporel des papes, et de l'autre, l'adversaire naturelle des insurrections démagogiques.

Mais la caste ecclésiastique, qui préfère ce fatal principe du pouvoir temporel aux intérêts les plus augustes de la société, ne voit rien de plus sage ni de plus utile que de ravaler et de ruiner la classe moyenne. Elle lui fait porter les plus lourdes charges du budget sans l'admettre au partage des bénéfices. Elle arrache au petit propriétaire non-seulement tout son revenu, mais une partie du capital, tandis que la plèbe et la noblesse romaine jouissent de toutes sortes d'immunités. Elle vend les emplois les plus modestes au prix des concessions les plus pénibles. Elle ne néglige rien pour enlever aux professions libérales tout le prestige dont elles sont entourées ailleurs; elle pousse la science et les arts sur la pente de la décadence, et toutes les fois que quelque chose s'abaisse autour d'elle, elle se persuade qu'elle a grandi.

Ce système a réussi passablement à Rome et dans les provinces de la Méditerranée, fort mal à Bologne et dans les provinces de l'Apennin. Dans la première capitale du pays, la bourgeoisie est réduite, gênée et soumise; dans la seconde, elle est beaucoup plus nombreuse, plus riche et plus roide au pouvoir. Mais les mauvaises passions, bien plus funestes à la société que la résistance logique des partis, ont progressé en sens inverse. Elles ont peu d'empire à Bologne, où la bourgeoisie est assez forte pour les contenir; elles triomphent à Rome, où l'on a tué la bourgeoisie. Il suit de là que Bologne est une ville d'opposition et Rome une ville de haine; que la prochaine révolution sera modérée à Bologne et sanglante à Rome. Voilà ce que le parti clérical a gagné.

Rien n'égale le dédain avec lequel les prélats, les princes, les étrangers de condition, et même les laquais de Rome jugent la classe moyenne ou *mezzoceto*.

Le prélat a ses raisons. S'il est ministre, il voit dans ses bureaux une centaine d'employés appartenant tous à la classe moyenne. Il sait que ces hommes actifs et intelligents, mais mal rétribués, sont réduits, pour la plupart, à exercer en secret quelque métier modeste : l'un tient les écritures d'un fermier, l'autre va mettre au net le grand-livre d'un juif : à qui là faute ? Il sait que ni les devoirs accomplis, ni les longs et fidèles services, ne sont portés à l'avoir du fonctionnaire civil, et qu'après avoir mérité son avancement il doit encore le solliciter à genoux ou le faire demander par sa femme. Mais est-ce bien ce pauvre homme qu'il convient de mépriser? Ne serait-ce pas plutôt les seigneurs en bas violets qui lui imposent des corvées de cette nature?

Si monseigneur est magistrat d'un tribunal supérieur, par exemple de la sacrée Rote, il n'a pas besoin d'apprendre la justice : un homme de la classe moyenne a pris la peine de l'étudier pour lui. Ce secrétaire, cet aide de cabinet est un jurisconsulte de grand talent. Il faut en avoir beaucoup pour marcher sans se perdre à travers les dédales obscurs de la législation romaine. Mais, monseigneur qui l'exploite à son profit se croit en droit de le mépriser, parce qu'il gagne peu, vit modestement et n'a point d'avenir à prétendre. A qui la faute?

Le même prélat, qui sort du séminaire et juge les causes en dernier ressort, professe un profond mépris pour les avocats: J'avoue qu'ils sont à plaindre, ces malheureux princes du barreau, qui écrivent pour des aveugles ou parlent à des sourds, et usent leurs souliers dans les sentiers interminables de la procédure rotale. Mais ils ne sont pas à mépriser. Ils ont toujours de la science et quelquefois de l'éloquence. M. Marchetti, M. de Rossi, M. Lunati pourraient faire de beaux sermons, s'ils n'aimaient mieux faire autre chose. Je crois, entre nous, que les prélats affectent de les mépriser pour n'être pas obligés de les craindre. On en a condamné quelques-uns à l'exil, quelques autres au silence et à la misère. Le cardinal Antonelli disait à M. de Gramont: « Les avocats étaient une de nos plaies; nous commençons à nous en guérir. Si l'on pouvait maintenant se débarrasser des hommes de bureau, tout irait bien. » Espérons qu'on inventera bientôt une machine bureaucratique capable de remplacer le travail de l'homme!

Les princes romains méprisent la classe moyenne. L'avocat, qui plaide leurs affaires et qui les gagne généralement, appartient à la classe moyenne. Le médecin, qui les soigne et les guérit, appartient à la classe moyenne. Mais comme ils touchent des appointements fixes, et que les appointements ressemblent à des gages, le mépris se donne par-dessus le marché; mépris d'ailleurs assez magnanime, mépris du patron pour son client. Lorsqu'à Paris un avocat plaide la cause d'un prince, c'est le prince qui est le client. A Rome, c'est l'avocat.

Mais ce que les princes accablent du plus violent mépris, c'est le fermier ou le marchand de campagne. Ah! pour le coup, je leur donne raison.

Le marchand de campagne est un homme de rien, très-honnête, très-intelligent, très-actif et très-riche. Il prend à ferme quelques milliers d'hectares en friche, que le prince ne cultiverait jamais lui-même, parce qu'il n'a pas appris et qu'il n'a pas d'argent. Sur ces nobles terrains, le fermier lâche sans respect des troupeaux de bœufs, de vaches, de chevaux, de moutons. Quelquefois même, si son bail le permet, il laboure une lieue carrée et l'ensemence de froment. L'été venu, mille ou douze cents hommes, descendus de la montagne, envahissent la terre du prince pour le service du fermier. On fauche la moisson, on la bat sur place, on la met en tas, on l'emporte. Le prince la voit passer du haut de son balcon. Il apprend que sur sa terre un homme du *mezzo-ceto*, un homme qui passe sa vie à cheval, a récolté tant de sacs de blé, qui font tant de sacs d'argent. Le marchand de campagne lui-même vient confirmer la nouvelle en versant, rubis sur l'ongle, le fermage convenu. Quelquefois même il paye plusieurs années d'avance, et sans escompte. Qui pourrait pardonner une telle impertinence? Elle est d'autant plus grave que le fermier est poli, bien élevé, et beaucoup plus instruit que le prince; qu'il donne une plus grosse dot à ses filles, et qu'il achèterait toute la principauté pour son fils, si par hasard on était forcé de la vendre. La culture aux mains de ces gens-là devient un attentat à la propriété; c'est au moins l'opinion du prince. Leur manie de travailler toujours est une perturbation de la belle tranquillité romaine. La fortune qu'ils acquièrent eux-mêmes, à force de talent et d'activité, offense grièvement la richesse stagnante qui est la base de l'État et l'admiration du gouvernement. Ce n'est pas tout: le marchand de campagne, qui n'est pas né, qui n'est pas prêtre, qui a femme et enfants, voudrait mettre la main aux affaires du pays, sous prétexte qu'il arrange admirablement les siennes! Il signale les abus; il réclame des réformes: quelle audace! On le jetterait dehors, comme un simple avocat, si son industrie n'était pas la plus nécessaire de toutes, et si l'on ne craignait d'affamer un pays en mettant un homme à la porte.

Mais c'est qu'ils sont très-grands par-dessus le marché, ces entrepreneurs de culture ! L'un d'eux, en 48, sous le règne des triumvirs, quand les travaux publics étaient suspendus faute d'argent, fit terminer à ses frais le pont de Lariccia, un des plus beaux ouvrages de notre époque. Certes, il ne savait pas si le pape reviendrait jamais à Rome pour lui rembourser sa dépense. Il se conduisit comme un prince, et usurpa sans pudeur un rôle qui n'était pas fait pour sa caste.

Moi, qui n'ai pas l'honneur d'être prince, je n'ai point de raisons pour mépriser les marchands de campagne. J'en ai même d'assez valables pour les estimer beaucoup. Je les ai trouvés pleins d'intelligence, de bonhomie et de cordialité; vrais bourgeois, dans la meilleure acception du mot. Mon seul regret, c'est qu'ils ne soient ni assez nombreux ni assez libres.

S'ils étaient seulement deux mille et que le gouvernement leur permît de faire à leur tête, la campagne de Rome prendrait bientôt un autre aspect, et la fièvre un autre chemin.

Les étrangers qui ont habité Rome pendant un certain temps parlent de la bourgeoisie aussi dédaigneusement que les princes. J'ai donné moi-même dans leur travers; je suis donc en mesure de m'expliquer.

Ils ont logé en garni, et la propriétaire de leur appartement ne leur a pas été cruelle. C'est une chose qui arrive assez souvent, je l'avoue. Mais la classe moyenne n'est pas responsable de la conduite de quelques femmes pauvres et sans éducation. Ces aventures de maison garnie ne sont pas sans exemple à Paris, et les étrangers n'en tirent point de conséquences défavorables à la bourgeoisie française.

Ils ont eu affaire au commerce de Rome; ils l'ont trouvé mal assorti. C'est que les capitaux sont rares et les institutions de crédit insuffisantes. On est choqué de voir au carnaval les boutiquiers en carrosse et en premières loges; mais ce faste imprudent, qui fait grand tort à la bourgeoisie romaine, lui est enseigné par tout le monde. Les mauvais exemples viennent d'en haut.

Ils ont fait chercher un médecin à la pharmacie et ils sont tombés sur un ignorant. C'est un malheur, sans doute, mais qui peut arriver partout. Le corps médical ne se recrute pas exclusivement parmi les aigles. Pour un Baroni qui a honoré à la fois Rome, l'Italie et l'Europe, on compte nécessairement quelques ânes. S'ils sont plus nombreux à Rome qu'à Paris où à Bologne, c'est que l'enseignement de la médecine y est un peu contrarié par les prêtres. Je me rappellerai longtemps le fou rire qui m'a saisi, lorsqu'en entrant à l'amphithéâtre de Santo-Spirito, je vis que l'écorché exposé à l'étude des jeunes médecins était affublé d'une feuille de vigne.

Sur cette terre de chasteté où la vigne pudibonde s'entrelace à tous les rameaux de la science, un docteur en chirurgie, employé dans un hôpital, m'a confessé qu'il n'avait jamais vu le sein d'une femme. « Nous avons, me dit-il, deux doctorats à passer; un théorique et un pratique. Entre le premier et le second, nous nous exerçons dans les hôpitaux, comme vous voyez. Mais les prélats qui ont la haute main sur nos études ne permettent pas qu'un docteur assiste à un accouchement avant de passer son second examen et d'obtenir la pratique. Ils ont peur de nous scandaliser. Nous accouchons des poupées, et c'est ainsi que nous nous faisons la main. Dans six mois, j'aurai tous mes grades, j'exercerai la chirurgie et je ferai des accouchements tant que je voudrai, sans en avoir jamais vu. »

Les artistes romains fourniraient à la bourgeoisie un bel appoint de gloire et d'indépendance, s'ils étaient élevés autrement. La race italienne n'a pas dégénéré, quoi que puissent dire ses ennemis et ses maîtres : elle est aussi apte que jamais à réussir dans tous les arts. Les bambins à qui l'on met une brosse entre les doigts, apprennent en un rien de temps la pratique de la peinture. Un apprentissage de trois ou quatre ans les met en mesure de gagner leur vie; le malheur est qu'ils ne vont guère plus loin. Ils ne sont pas plus pauvrement doués que les élèves de Raphaël; je le crois, j'en suis presque sûr; et ils arrivent au même but que les élèves de M. Galimard. Est-ce leur faute? Non. Je n'accuse que le milieu où leur naissance les a jetés. Peut-être produiraient-ils des chefs-d'œuvre s'ils étaient à Paris. Donnez-leur des rôles, des concours, des expositions, l'appui d'un gouvernement, les encouragements d'un public, les conseils d'une critique intelligente. Toutes ces bonnes choses, qui abondent chez nous, leur manquent absolument; ils ne les connaissent que par ouï-dire. Leur seul encouragement, leur unique ressort, c'est la faim qui les talonne et l'étranger qui passe. Ils vont au plus pressé, ils abattent une copie en huit jours, et lorsqu'elle est vendue, ils en recommencent une autre. Si quelque ambitieux entreprend une œuvre originale, à qui demandera-t-il si elle est bien ou mal? La classe régnante ne s'y connaît pas, et les princes ne s'y connaissent guère. Le possesseur de la plus belle galerie de Rome disait l'an passé dans le salon d'une ambassade : « Moi, je n'admire que le *chic*. » Le prince Piombino a commandé un plafond à M. Gagliardi : il voulait absolument payer l'artiste à la journée. Le gouvernement a bien d'autres soucis que l'encouragement des arts; les quatre petits journaux qui circulent s'amusent quelquefois à citer le nom de leurs amis; c'est pour les flagorner niaisement. Les étrangers qui vont et viennent sont souvent des hommes de goût, mais ils ne composent pas un public. A Paris, à Munich, à Dusseldorf, à Londres, le public est un véritable individu, un homme à mille têtes. Lorsqu'un jeune talent a frappé son attention, il le suit des yeux, l'encourage, le blâme, le pousse en avant, le ramène en arrière; il se prend de belle amitié pour celui-ci, et se fâche tout rouge contre celui-là. Il se trompe quelquefois; il a des engouements ridicules et des retours injustes, mais il vit et vivifie; on peut travailler pour ses beaux yeux.

Si je m'étonne de quelque chose, c'est de rencontrer à Rome un certain nombre d'artistes de talent comme M. Tenerani dans la statuaire, M. Podesti dans la peinture, M. Castellani dans l'orfévrerie, MM. Calamatta et Mercuri dans la gravure. Ils ne sont pas les seuls; je ne cite que les plus célèbres. Mais la triste majorité des artistes romains languit, faute d'encouragement, dans une industrie monotone et un commerce avilissant; occupée la moitié du jour à recopier des copies, et le reste du temps à *faire l'article* aux étrangers.

En résumé, j'avais emporté de Rome une assez pauvre idée de la classe moyenne. Quelques artistes distingués, quelques avocats de talent et de courage, quelques médecins savants, quelques fermiers riches et capables, ne suffisaient pas, à mon sens, pour constituer une bourgeoisie; ils ne formaient qu'une exception. Or il n'y a pas de nation sans bourgeoisie et je tremblais de reconnaître à la fin qu'il n'y a pas de nation italienne.

Dans les provinces de la Méditerranée, la bourgeoisie ne me parut pas plus florissante qu'à Rome. Les gens de la classse moyenne, demi-bourgeois, demi-manants, sont plongés dans une ignorance épaisse. Ils ont à peu près de quoi vivre sans se brûler au soleil; ils restent donc chez eux, dans une maison mal meublée, où l'ennui suinte des murailles. Les bruits de l'Europe, qui pourraient les éveiller, s'arrêtent à la frontière. Les idées nouvelles, qui pourraient féconder leur esprit, sont interceptées par la douane. S'ils lisent quelque chose, c'est l'Almanach, ou peut-être le *Journal de Rome* qui raconte en style pompeux les promenades du pape. La vie de ces citadins se réduit à manger, boire, dormir et peupler, en attendant la mort.

Mais au delà des Apennins, ce n'est pas le bourgeois qui se laisse tomber au niveau du paysan, c'est le paysan qui s'élève partout à la bourgeoisie. Un travail opiniâtre améliore incessamment la terre et l'homme. La contrebande des idées, de jour en jour plus active, se moque de toutes les douanes. La présence des Autrichiens irrite le patriotisme. La pesanteur des impôts exaspère le sens commun. Toutes les fractions de la classe moyenne, avocats, médecins, négociants, cultivateurs, artistes, échangent hardiment leurs mécontentements et leurs haines, leurs idées et leurs espérances. Cette barrière des Apennins, qui les éloigne du pape, les rapproche de l'Europe et de la liberté. Je n'ai jamais causé avec un bourgeois des légations sans dire en me frottant les mains : *Il y a une nation italienne.*

Entre Bologne et Florence, je voyageai seul dans la malle-poste avec un homme jeune, que la correction parfaite de son costume me fit prendre d'abord pour un Anglais. Mais la conversation s'engagea si naturellement entre nous, et mon compagnon s'exprimait si bien dans ma langue que je le pris bientôt pour un compatriote. Cependant il m'apprit tant de choses sur l'Italie, il me donna des détails si précis sur la culture, l'industrie, le commerce, la justice, l'administration et la politique de son pays que je fus bien forcé de le reconnaître Italien et Bolonais. Ce que j'admirai le plus en lui, ce n'était encore ni l'étendue et la variété de ses connaissances, ni la netteté et la justesse de son esprit; c'était l'élévation de son caractère et la modération de son langage. On devinait sous chacune de ses paroles un sentiment profond de la dignité de sa patrie, un amer regret de la voir méconnue et abandonnée; un ferme espoir dans la justice de l'Europe en général et de la France en particulier; quelque chose de fier, de triste et de doux qui me ravit. Il n'avait point de haine contre le pape, ni contre personne; il trouvait la conduite des prêtres parfaitement logique en elle-même, quoique intolérable au pays. Il ne rêvait pas vengeance, mais délivrance.

J'ai su trois mois plus tard que ce précieux compagnon de voyage[1] était un homme du *mezzo-ceto*, et que Bologne en comptait plus d'un comme lui.

Mais j'avais déjà écrit sur mes tablettes ces simples mots datés de la cour des Postes, place du Grand-Duc, à Florence :

« Il y a une nation italienne. Il y a une nation italienne. Il y a une nation italienne. »

[1] M. Minghetti, aujourd'hui ministre du roi d'Italie. (Note de la 2ᵉ édition.)

VII

LA NOBLESSE

Un Italien a dit en deux vers, avec une ironie assez piquante :

« Qui sait si quelque jour un puissant microscope ne découvrira pas dans le sang des globules de noblesse ? »

Ces globules précieux, que le microscope ne saura jamais découvrir, mais qu'un observateur intelligent devine à l'œil nu, sont rares dans toute l'Europe, et je ne sache pas qu'on en rencontre ailleurs. Vous pourriez en faire une petite collection en France, en Espagne, en Angleterre, en Russie, en Allemagne, en Italie. Rome est une des villes où l'on en trouverait le moins. Cependant la noblesse romaine est entourée d'un certain prestige.

Trente et un princes ou ducs ; un grand nombre de marquis, de comtes, de barons et de chevaliers ; une multitude de familles nobles sans titre, parmi lesquelles Benoît XIV en inscrivit soixante au Capitole ; une vaste étendue de domaines seigneuriaux ; un millier de palais ;

une centaine de galeries petites et grandes ; un revenu passable ; une incroyable prodigalité de chevaux, de carrosses, de livrées et d'armoiries ; quelques fêtes royales tous les hivers; un restant de priviléges féodaux et les respects du petit peuple : tels sont les traits les plus saillants qui distinguent la noblesse romaine et la donnent en admiration à tous les badauds de l'univers. L'ignorance, l'oisiveté, la vanité, la servilité et surtout la nullité, voilà les défauts mignons qui la placent au-dessous de toutes les aristocraties de l'Europe. Si je rencontre des exceptions en chemin, je me ferai un devoir de les signaler.

Les origines de la noblesse romaine sont très-diverses. Les Orsini et les Colonna (il en reste assez peu de chose) descendent des héros ou des brigands du moyen âge. Les Caëtani datent de 730. Les Massimo, les Santa Croce, les Muti, vont chercher leurs ancêtres jusque dans Tite-Live. Le prince-Massimo porte dans ses armoiries la trace des marches et contre-marches de Fabius Maximus, autrement dit Cunctator. Sa devise est : *cunctando restituit.* Santa Croce se flatte d'être un rejeton de Valérius Publicola. Les Muti, qui n'ont pas le sou, comptent Mucius Scævola au nombre de leurs ancêtres. Cette noblesse, authentique ou non, fort ancienne dans tous les cas, est d'origine indépendante. Elle n'a pas été couvée sous la robe des papes.

La seconde catégorie est d'origine pontificale. Ses titres et ses revenus ont leur source dans le népotisme. Durant le cours du xviie siècle, Paul V, Urbain VIII,

Innocent X, Alexandre VII, Clément IX, Innocent XI ont *créé* les Borghèse, les Barberini, les Pamphili, les Chigi, les Rospigliosi, les Odescalchi. C'était à qui placerait plus haut sa petite famille. Les domaines des Borghèse, qui font une assez jolie tache sur la carte d'Europe, nous prouvent que Paul V n'était pas un oncle dénaturé. Les papes ont conservé l'habitude d'anoblir leurs parents, mais le scandale de leurs libéralités s'arrête à Pie VI, auteur de la famille Braschi (1775-1800).

La dernière fournée comprend des banquiers, comme les Torlonia, des accapareurs comme les Antonelli, des meuniers comme les Macchi, des boulangers comme les ducs Grazioli, des marchands de tabac, comme le marquis Ferrainoli et des fermiers comme le marquis Calabrini.

J'ajoute, pour mémoire, les étrangers, nobles ou non, qui achètent un domaine et accrochent un titre pardessus le marché. Il n'y a pas longtemps qu'un gentillâtre français, qui avait un peu d'argent, s'est éveillé prince romain, l'égal des Doria, des Torlonia et du boulanger duc Grazioli.

Car ils sont tous égaux, du jour où le saint-père a signé leurs parchemins. Quelle que soit l'origine de leur noblesse et l'antiquité de leur maison, ils s'en vont, bras dessus bras dessous, sans disputer de la préséance. Ils se marient entre eux, au risque de scandaliser leurs ancêtres. Les noms d'Orsini, de Colonna, de Sforza, se trouvent réunis pêle-mêle dans la famille d'un ancien domestique de place. Le fils d'un boulanger épouse la fille d'un Lante de la Rovère, petite-fille d'un prince Colonna et d'une princesse de Savoie-Carignan. La querelle des princes et des ducs, qui passionnait si vivement notre superbe Saint-Simon, ne se renouvellera jamais, croyez-le bien, dans l'aristocratie romaine.

A quoi bon, grands dieux? Ne savent-ils pas tous, ducs et princes, qu'ils sont inférieurs au plus piètre des cardinaux? Le jour où un capucin reçoit le chapeau rouge, il acquiert le droit de les éclabousser tous.

Dans tous les États monarchiques, le roi est le chef naturel de la noblesse. Ce qu'un gentilhomme peut dire de plus fort à la louange de sa race, c'est qu'elle est noble comme le roi. *Noble comme le pape* serait tout bonnement comique, puisqu'un porcher, fils de porcher, peut être élu pape et recevoir le serment de fidélité de tous les princes romains. Ils ont donc bien raison de se croire tous égaux, ces pauvres grands seigneurs, puisqu'ils sont également humiliés par quelques prêtres.

Ils se consolent en pensant qu'ils sont supérieurs à tous les laïques de l'univers. Cette vanité douce, intime, point bruyante, encore moins insolente, mais solidement assise au fond de leurs cœurs, les aide à digérer l'affront quotidien de leur infériorité.

Je vois bien en quoi ils sont inférieurs aux parvenus de l'Église, mais la supériorité qu'ils prétendent sur les autres hommes me paraît moins démontrée.

Ont-ils le cœur placé plus haut? Je ne sais. Il y a bien longtemps qu'ils n'ont fait leurs preuves sur les champs de bataille. Dieu leur défend le duel. Le gouvernement leur prêche les vertus douces.

Ils ne manquent pas d'une certaine générosité vaniteuse et théâtrale. Un Piombino envoie son ambassadeur aux conférences de Vienne, et lui alloue cent mille francs pour frais de représentation. Un Borghèse, pour célébrer le retour de Pie VII, offre un banquet de 1,200,000 francs à la canaille de Rome. Presque tous les princes romains ouvrent au public leurs palais, leurs villas et leurs galeries. Il est vrai que le vieux Sciarra vendait la permission de copier ses tableaux, mais c'était un ladre diffamé, qui n'a pas fait école.

Presque tous pratiquent les vertus de charité, sans beaucoup de discernement, par orgueil, par patronage, par habitude, par faiblesse, parce qu'ils n'osent point refuser. Ils ne sont pas méchants, ils sont bons; je m'arrête sur ce mot, de peur d'aller trop loin.

Ce n'est pas qu'ils manquent tous d'esprit et d'intelligence. On cite le duc Massimo pour son bon sens, et les deux Caëtani pour leurs calembours. Santa Croce, quoique un peu fou, n'est pas un homme ordinaire. Mais quelle mauvaise éducation le gouvernement leur a donnée! Ils sont tous élevés par les prêtres, et l'on s'est appliqué surtout à ne leur rien apprendre.

Allez chercher un séminariste à Saint-Sulpice, décrassez-le convenablement, faites-le habiller chez Alfred ou chez Poole, attachez-lui quelques bijoux de Mortimer ou de Castellani, enseignez-lui un peu de musique et d'équitation : vous aurez un prince romain qui vaudra bien les autres.

Vous supposez peut-être que des gens élevés à Rome, au milieu des chefs-d'œuvre, s'intéressent aux arts et s'y connaissent un peu : détrompez-vous. Celui-ci n'est jamais entré au Vatican que pour faire des visites; celui-là ne connaît sa galerie que par les rapports de son intendant; cet autre n'avait jamais vu les catacombes avant d'être nommé pape. Ils professent une ignorance élégante, de bon goût, et qui sera toujours de mise en pays catholique.

J'en ai dit assez sur le cœur, l'esprit, l'instruction de la noblesse romaine. Un mot sur les revenus dont elle dispose.

J'ai sous les yeux une liste que je crois authentique, car je l'ai copiée moi-même en bon lieu. Elle comprend les revenus nets disponibles des principales familles de Rome. J'en extrais les chiffres les plus imposants :

>   Corsini. . . 500,000 francs.
>   Borghèse. . . 450,000
>   Ludovisi. . . 350,000
>   Grazioli. . . 350,000
>   Doria. . . . 325,000

Rospigliosi. . 250,000
Colonna. . . 200,000
Odescalchi. . 200,000
Massimo. . . 200,000
Patrizi.. . . 150,000
Orsini. . . . 100,000
Strozzi . . . 100,000
Torlonia. . . Revenu illimité.
Antonelli. . . Idem.

Ce n'est pas à dire que M. Grazioli, par exemple, soit presque aussi riche à lui tout seul que le prince Borghèse avec ses deux frères, Aldobrandini et Salviati. Mais toutes familles un peu anciennes sont grevées de mille et une charges héréditaires qui diminuent singulièrement leur revenu. Elles entretiennent des chapelles, des églises, des hospices, des colléges et des chapitres entiers de chanoines gras, tandis que les nobles de l'an dernier n'ont pas à payer la gloire ou les péchés de leurs ancêtres.

Quoi qu'il en soit, cette liste vous prouve que la noblesse romaine est médiocre en richesse comme en toute chose. Non-seulement elle est hors d'état de soutenir la concurrence avec la bourgeoisie laborieuse de Londres, de Bâle ou d'Amsterdam, mais elle est infiniment moins riche que la noblesse de Russie ou d'Angleterre.

Est-ce parce qu'une loi de justice comme la nôtre divise incessamment les grandes fortunes? Non. Le droit d'aînesse est en vigueur dans le royaume du pape, comme tous les abus du bon vieux temps. On pourvoit les cadets comme on peut, on dote les filles comme on veut; ce n'est pas l'équité des parents qui ruine les familles. On dit même que l'aîné n'est pas tenu de prendre le deuil à la mort du cadet : économie de drap noir.

Cela posé, pourquoi les princes romains ne sont-ils pas plus riches? J'y vois deux raisons excellentes : le besoin de paraître, et la mauvaise administration.

L'ostentation, maladie romaine, veut que tout gentilhomme ait un palais à la ville et un palais à la campagne; des carrosses, des chevaux, des laquais et des livrées. On se passe de matelas, de linge et de fauteuils, mais une galerie de tableaux est indispensable. Il n'est pas nécessaire d'avoir la poule au pot tous les dimanches, mais il faut un jardin bâti en pierre de taille, pour l'agrément des étrangers. Ces besoins factices absorbent le revenu et écornent souvent le capital.

Cependant je connais cinq ou six domaines qui suffiraient aux prodigalités d'un roi, s'ils étaient administrés à l'anglaise, ou simplement à la mode de France; si le propriétaire agissait par ses mains et voyait par ses yeux, s'il ne laissait pas entre sa terre et lui une nuée d'intermédiaires qui s'enrichissent tous à ses dépens.

Non que les princes romains laissent aller sciemment leurs affaires à la dérive. Gardez-vous de les confondre avec ces grands seigneurs de la vieille France, qui souriaient au naufrage de leur fortune, et se vengeaient de leur intendant par un bon mot et un coup de pied. Le prince romain a des bureaux, des cartons, des employés ; il s'enferme tous les jours pour quelques heures dans sa chancellerie ; il vérifie des comptes, secoue de la poussière et donne des signatures. Mais, comme il n'est ni capable ni instruit, son zèle ne sert qu'à dégager la responsabilité des fripons qui l'entourent. On m'a cité un gentilhomme qui avait hérité d'une fortune énorme, qui s'était condamné au travail d'un employé à 1,200 francs, qui resta fidèle à son bureau jusque dans l'extrême vieillesse, et qui mourut insolvable, grâce à je ne sais quel vice d'administration.

Plaignez-les, si bon vous semble, mais ne leur jetez pas la pierre. Ils sont tels que l'éducation les a faits. Voici leurs enfants qui défilent dans le Cours entre deux jésuites. Ces bambins de six à dix ans, jolis comme des amours malgré leur habit noir et leur cravate blanche, grandiront tous uniformément à l'ombre du large chapeau de leur magister. Leur esprit est déjà comme un jardin bien ratissé, où l'on arrache soigneusement les idées. Leur cœur est purgé de toutes les passions bonnes ou mauvaises. Ils n'ont pas même de vices, les malheureux !

Lorsqu'ils auront passé les derniers examens et obtenu leurs diplômes d'ignorance, on les habillera à la mode de Londres, et on les lâchera dans les promenades publiques. Ils fatigueront le pavé du Cours, ils useront les allées du Pincio, de la villa Borghèse et de la villa Pamphili. Ils se promèneront longtemps, ils se promèneront beaucoup, à pied, à cheval, en voiture, avec une canne, une cravache ou un lorgnon dans la main, jusqu'à ce qu'on les marie. Assidus à la messe, fidèles au théâtre, vous les verrez sourire, bâiller, applaudir et faire le signe de la croix, sans passion. Presque tous sont inscrits sur les listes d'une ou deux confréries dévotes, ils ne sont d'aucun club. Ils jouent timidement, n'entretiennent point de danseuse, boivent sans enthousiasme et ne se ruinent jamais à faire courir. Conduite exemplaire et qu'on ne saurait trop louer; mais les poupées qui disent *papa* et *maman* ne se débauchent pas non plus.

Un beau matin, ils ont vingt-cinq ans. A cet âge, un Américain a fait dix métiers, quatre fortunes, une faillite, deux campagnes, plaidé un procès, prêché une religion, tué six hommes à coups de révolver, affranchi une négresse, et conquis une île. Un Anglais a passé deux thèses, suivi une ambassade, fondé un comptoir, converti une catholique, fait le tour du monde et lu les œuvres complètes de sir Walter Scott. Un Français a rimé une tragédie, écrit dans deux journaux, reçu trois coups d'épée, essayé deux suicides, contrarié quatorze maris et changé dix-neuf fois d'opinion politique. Un Allemand a balafré quatorze de ses amis intimes, avalé soixante tonnes de bière et la philosophie de Hegel, chanté onze mille couplets, compromis une servante, fumé un million de pipes et trempé dans deux révolutions. Le prince romain n'a rien fait, rien vu, rien appris, rien aimé, rien souffert. On ouvre la grille d'un cloître, on en tire une jeune fille aussi expérimentée que lui, et ces deux innocents vont s'agenouiller devant un prêtre qui leur permet de faire souche d'innocents.

Vous vous attendez peut-être à voir un mauvais ménage? Non. Cependant la jeune femme est jolie. L'ennui du cloître n'a pas tellement affadi son cœur qu'il soit incapable d'aimer; son esprit inculte se développera spontanément au contact du monde. Elle sentira bientôt la nullité de son mari. Plus son éducation a été négligée, plus elle a de chances de rester femme, c'est-à-dire intelligente, aimante et charmante. Ah! le prince serait un homme à plaindre si nous étions à Vienne ou à Paris.

Mais ce haut et large éteignoir que le ciel tient suspendu sur la ville de Rome étouffe jusqu'aux flammes subtiles de la passion. Si le Vésuve était ici, il serait froid depuis quarante ans. Les princesses romaines ont fait parler d'elles jusqu'à la fin du xviiiᵉ siècle. Leur galanterie a pris des allures quasi-militaires sous la domination française : elles venaient au Café-Neuf admirer leurs amants qui jouaient au billard. Mais l'hypocrisie et la morale ont fait d'immenses progrès depuis la Restauration. Les rares personnes qui défrayent la chronique scandaleuse ont passé la soixantaine, et leurs aventures sont gravées sur les tables de l'histoire, entre Austerlitz et Waterloo.

La jeune princesse que nous avons mariée tout à l'heure commencera par donner plusieurs enfants à son mari, et les petits berceaux tiennent l'amour à distance.

Dans cinq ou six ans, lorsqu'elle aura le loisir de songer à mal, le monde lui liera les pieds et les mains. Voulez-vous un échantillon de ses journées d'hiver ? Le lever, la toilette, le déjeuner, les enfants, le mari, lui prennent sa matinée. D'une heure à trois elle rend les visites qu'elle a reçues, dans la forme où elle les a reçues. La première politesse est d'aller voir les gens ; la seconde, de leur porter sa carte de visite soi-même, sans entrer chez eux ; la troisième, d'envoyer le carré de carton par un domestique *ad hoc*. A trois heures, promenade à la villa Borghèse, où l'on salue du bout des doigts tous les amis qu'on peut avoir. A quatre heures on monte au Pincio ; à cinq heures on défile le long du Cours. Toute la bonne compagnie, sans exception, se condamne à cette triple corvée ; si une seule promeneuse y manquait, on irait demander à son mari si elle n'est pas malade. La nuit vient ; on rentre, on dîne, on s'habille pour aller dans le monde. Chaque maison a son jour une fois par semaine. Réception pure et simple, sans jeu, sans musique, sans conversation ; échange de révérences et de banalités froides : on donne un bal de temps en temps pour rompre cette glace et secouer cet ennui. Pauvres femmes ! Dans une vie si pleine et si vide, il n'y a pas même de place pour l'amitié. Deux compagnes d'enfance élevées au même couvent, mariées dans le même monde, se rencontreront tous les jours à toute heure,

et ne trouveront pas en un an dix minutes d'intimité.
La plus spirituelle, la meilleure, n'est connue que par
son nom, son titre et sa fortune ; on juge sa beauté, sa
toilette et ses diamants ; personne n'a l'occasion ou le
loisir de pénétrer jusqu'au fond de son âme. Une femme
vraiment distinguée me disait : « En entrant dans ces
salons, je deviens bête ; le néant me gagne dès l'antichambre. » Une autre, qui avait habité la France, re-
grettait en pleurant ces jolies amitiés, si gaies et
si cordiales, qui se nouent entre les jeunes femmes de
Paris.

Le carnaval arrive ; il mêle tout et ne rapproche
rien. Est-on jamais plus isolé qu'au milieu du bruit
et de la foule ? Et puis, c'est le carême ; et puis la
grande solennité de Pâques ; puis on s'enfuit à la campagne en famille, et l'on va faire des économies dans
un grand château démeublé. Quelques hivers bruyants,
quelques étés maussades et beaucoup d'enfants : voilà
le roman des princesses. S'il y a quelque chapitre de
plus, le confesseur le sait :

<blockquote>Ce ne sont pas là mes affaires.</blockquote>

Il faut aller loin de Rome pour trouver la vraie noblesse. On rencontre bien çà et là, dans les provinces de
la Méditerranée, une famille déchue, qui vit péniblement du revenu de quelque terre, et que les voisins plus
riches entourent d'un certain respect. Le peuple lui
sait gré d'avoir été quelque chose, et même de n'être
rien sous un gouvernement détesté. Ces petits aristo-

crates de province, ignorants, simples et fiers sont comme un reliquat du moyen âge oublié dans le XIX° siècle. Je n'en parle que pour mémoire.

Mais si vous me suiviez au delà des Apennins, dans les glorieuses villes de la Romagne, je vous montrerais plus d'un gentilhomme de grand nom et de vieille race, qui cultive son esprit et son champ, qui sait tout ce que nous savons, qui croit tout ce que nous croyons, et rien de plus ; qui s'intéresse activement aux malheurs de l'Italie, et qui, tourné vers l'Europe heureuse et libre, espère de la sympathie des peuples et de la justice des princes la délivrance de son pays. Ces vrais nobles sont justement suspects à la caste régnante, car ils partageront avec les bourgeois l'héritage du pape. J'ai rencontré dans certains palais de Bologne un écrivain brillant, applaudi sur tous les théâtres de l'Italie ; un savant économiste cité avec respect dans les Revues les plus sérieuses de l'Europe; un polémiste terrible et redouté des prêtres ; et tous ces hommes réunis dans la personne d'un marquis de trente-quatre ans, qui jouera peut-être un grand rôle dans la révolution italienne [1].

[1] Le marquis Pepoli. Il a justifié magnifiquement toutes nos espérances. (Note de la 2° édition.)

VIII

LES ÉTRANGERS

Permettez-moi d'évoquer au début de ce chapitre quelques souvenirs de l'âge d'or.

Il n'y a pas plus d'un siècle ou deux, quand les vieilles aristocraties, les vieilles royautés et les vieilles superstitions se croyaient éternelles ; quand les papes faisaient innocemment la fortune de leurs neveux et le bonheur de leurs maîtresses ; quand la naïveté des nations catholiques redorait tous les ans l'idole romaine ; quand l'Europe était peuplée de quatre ou cinq cent mille personnes de condition, faites pour s'entendre et s'égayer ensemble, sans nul souci du petit monde, Rome était le paradis des étrangers ; les étrangers étaient la providence de Rome.

Un gentilhomme français se mettait en tête de visiter l'Italie, pour baiser la mule du pape et quelques autres curiosités locales. Il se ménageait une ou deux années de loisir, glissait trois lettres de recommandation dans une poche, 50,000 écus dans une autre, et montait en chaise de poste.

En ce temps-là, il fallait un mois ou deux pour arriver jusqu'à Rome ; on n'y venait donc point passer huit jours. Le fouet des postillons annonçait à la grande ville la visite d'un hôte distingué. Les domestiques de place accouraient au bruit. L'un d'eux s'emparait du nouveau venu, en se mettant à son service. Il lui fournissait en quelques jours palais, mobilier, laquais, chevaux et carrosses. L'étranger se débottait tout à l'aise, et faisait porter ses lettres de recommandation. La bonne compagnie lui ouvrait les bras aussitôt qu'elle avait vérifié ses titres. « Vous êtes des nôtres, » lui disait-on. Dès ce jour, il se trouvait partout chez lui. Il était de tous les écots, il dansait, soupait, jouait, et faisait sa cour aux dames. Vous pensez qu'il ne manquait pas de festoyer à son tour ceux qui l'avaient si bien reçu. Il ouvrait sa maison à la bonne compagnie, et ces brillants hivers de Rome en tiraient un nouvel éclat.

Nul étranger ne résistait à la tentation de rapporter quelques souvenirs d'une ville si féconde en merveilles. L'un s'abattait sur les peintures, l'autre sur les marbres antiques, celui-ci sur les médailles, et celui-là sur les livres. Le commerce de Rome s'en trouvait bien.

L'été chassait les étrangers comme les habitants, mais ils ne s'en allaient pas loin. Naples, Florence ou Venise les hébergeaient agréablement jusqu'au retour de la belle saison d'hiver. Et ils trouvaient d'excellentes raisons pour retourner à Rome, car c'est la seule ville du monde où l'on n'a jamais tout vu. Quelques-uns oubliaient si bien leur patrie que la vieillesse et la mort les surprenaient entre la place du Peuple et le palais de Venise. Ceux qui s'exilaient pour le pays natal ne le faisaient qu'à corps défendant, lorsque leurs poches étaient vides. Rome leur disait un tendre adieu et gardait pieusement leur souvenir et leur argent.

La Révolution de 93 troubla un ordre de choses si agréable, mais ce fut comme un orage entre deux beaux jours d'été. Ni l'aristocratie romaine, ni le groupe fidèle de ses hôtes ne prit au sérieux ce renversement brutal de tous les plaisirs délicats. L'exil du pape, l'occupation française et tant d'autres accidents, furent supportés avec une résignation noble, et oubliés avec un empressement de bon goût. 1815 passa l'éponge sur quelques années d'histoire malpropre. Toutes les inscriptions qui rappelaient la gloire ou les bienfaits de la France furent grattées consciencieusement. On parla même de supprimer l'éclairage des rues, non-seulement parce qu'il jetait un jour fâcheux sur certaines choses nocturnes, mais surtout parce qu'il datait de Miollis et de M. de Tournon. Aujourd'hui même, en 1859, la fleur de lis désigne au public les propriétés françaises. Une table de marbre, placée dans l'église Saint-Louis des Français, promet une indulgence honnête à ceux qui prieront pour le roi de France. Le couvent français de la Trinité des Monts, ce digne couvent qui nous a vendu et repris le tableau de Daniel de Volterre, possède les portraits de tous les rois de France, depuis Pharamond jusqu'à Charles X. Vous y verrez

Louis XVII entre Louis XVI et Louis XVIII ; mais dans cette galerie historique, il n'est pas plus question de Napoléon ou de Louis-Philippe que de Nana-Sahib ou de Marat.

Une ville si respectueuse du passé, si fidèle au culte des bons souvenirs, est l'asile naturel de tous les rois tombés de leur trône. C'est à Rome qu'ils viennent bassiner leurs contusions et panser les blessures de leur orgueil. Ils y vivent doucement, au milieu des serviteurs qui leur sont restés fidèles. Une petite cour, assemblée dans leur antichambre, les couronne à huis clos, les appelle Majestés au saut du lit, et les encense dans leur cabinet de toilette. Les nobles romains et les étrangers de distinction vivent avec eux dans une intimité inégale, s'humiliant pour qu'on les relève, et semant beaucoup de vénération pour récolter un peu de familiarité. Le pape et les cardinaux leur prodiguent, pour le principe, des égards qu'ils leur refuseraient peut-être sur le trône. En résumé, le roi le plus meurtri, le plus contus, le plus froissé *par des sujets ingrats* n'a qu'à se réfugier à Rome : avec un peu d'imagination et beaucoup d'écus, ils se persuadera qu'il règne sur des peuples absents.

Les bouleversements qui ont clos le xviiie siècle et inauguré le xixe, ont envoyé ici des colonies entières de têtes couronnées. Les modifications survenues dans la société européenne y ont amené quelques hôtes beaucoup moins illustres, et qui n'appartenaient pas même à la noblesse de leur pays. Il est certain que la fortune, l'éducation, le talent, ont conquis depuis cinquante ans des droits qui étaient réservés à la naissance. Rome a vu venir en chaise de poste des étrangers qui n'étaient pas nés. C'était de grands artistes, des écrivains éminents, des diplomates sortis du peuple, des commerçants élevés au rang des capitalistes, ou plus modestement encore, des hommes du monde qui sont partout à leur place, parce qu'ils savent vivre. La bonne compagnie les a reçus, non plus de prime-saut, mais après un examen approfondi. Elle leur a fait subir certaines épreuves; les a fouillés prudemment pour s'assurer qu'ils n'apportaient pas de doctrines dangereuses. Elle se dit : « Si nous ne pouvons plus être une famille, soyons une franc-maçonnerie. »

Je vous ai averti que les princes romains étaient sinon sans orgueil, au moins sans morgue. Cette observation s'applique même aux princes de l'Église. Ils accueillent avec bienveillance un étranger de condition modeste, pourvu qu'il parle et pense comme eux sur deux ou trois questions capitales, qu'il vénère profondément certaines vieilleries et qu'il maudisse de tout son cœur certaines nouveautés. Montrez-leur patte blanche, ou vous n'entrerez point.

Ils sont intraitables sur ce chapitre. Ils résistent au rang, à la fortune et même aux nécessités les plus imposantes de la politique. Si la France envoyait chez eux un ambassadeur qui n'eût point patte blanche, l'ambassadeur de France resterait à la porte des salons aristocratiques. Si M. Horace Vernet était nommé directeur de l'Académie, ni son nom, ni son titre ne lui rouvriraient certaines maisons où il était reçu en ami avant 1830. Et pourquoi? Parce que M. Horace Vernet s'est frotté les mains en public après la révolution de Juillet.

Ne croyez pas cependant qu'on soit tenu de pratiquer la religion lorsqu'on pratique les cardinaux, ni qu'il faille aller à la messe pour se faire inviter au bal. Mais il est d'obligation stricte et absolue de trouver que tout est bien à Rome, de considérer la papauté comme une arche, les cardinaux comme des saints, les abus comme des principes, et d'approuver la marche du gouvernement, même lorsqu'il ne marche pas. Il est de bon goût de louer les vertus du petit peuple, sa foi naïve et son indifférence en matière politique, et de mépriser la classe moyenne qui fera la prochaine révolution.

J'ai causé souvent avec quelques-uns des étrangers qui habitent Rome et qui sont du monde. Un des plus distingués et des plus aimables me répétait souvent et sur tous les tons une instruction que j'ai retenue, quoique je n'en aie pas profité.

« Mon cher ami, me disait-il, je ne connais que deux façons d'écrire sur Rome; c'est à vous de choisir. Si vous déclamez contre le gouvernement des prêtres, contre les abus, contre les vices, contre les injustices, contre les coups de couteau, contre les terres incultes, contre le mauvais air, contre la malpropreté des rues, contre les scandales, les hypocrisies, les rapines, la loterie, le Ghetto et tout ce qui s'ensuit, vous aurez l'honneur assez mince d'ajouter un mille et unième pamphlet à ceux qu'on a publiés depuis Luther. Tout a été dit contre les papes; un homme qui se pique d'originalité ne doit pas faire sa partie dans le chœur des réformistes braillards. Songez en outre que le gouvernement de ce pays, quoique très-bon et très-paternel, ne pardonne jamais. Le voulût-il, il n'en aurait pas le droit : il est tenu de défendre son principe, qui est sacré. Ne vous fermez pas les portes de Rome. Vous serez si heureux d'y revenir, et nous de vous y recevoir! Si vous voulez soutenir une thèse neuve et originale, et acquérir une gloire qui n'ira pas sans quelque profit, osez déclarer hardiment que tout est bien, même ce qu'on est convenu de trouver mal. Louez sans restriction un ordre de choses qui s'est maintenu solidement depuis dix-huit siècles. Prouvez que tout se tient ici, et que le réseau des institutions pontificales est enchaîné par une logique puissante. Résistez en homme de cœur à ces velléités de réforme qui vous pousseront peut-être à demander tel ou tel changement. Songez qu'on ne touche pas impunément aux vieilles constitutions, et qu'une pierre déplacée peut faire crouler tout l'édifice. Hélas! mon pauvre enfant! vous ne savez pas si tel abus qui vous offusque n'est pas nécessaire à l'existence même de Rome. Le bien et le mal unis ensemble font un ciment plus durable que les matériaux choisis dont on fabrique les utopies modernes. Moi qui vous parle, je suis ici depuis bien des années, et je m'y trouve vraiment tout à fait bien. Où m'en irais-je, si Rome était sens dessus dessous? où mettrions-nous les rois détrônés? où logerait-on les magnificences du culte catholique? On vous dira que certaines gens se plaignent de l'administration : qu'importe? ils ne sont pas de notre monde. Vous ne les rencontrerez jamais dans la bonne compagnie où vous irez. Si l'on écoutait les réclamations de la classe moyenne, on bouleverserait tout. Êtes-vous curieux de voir des manufactures autour de Saint-Pierre et des champs de navets à la fontaine Égérie? Ces bourgeois indigènes se persuadent que le pays est à eux, parce qu'ils y sont nés; leur prétention est trop ridicule! Apprenez-leur que Rome est la propriété commune des honnêtes gens, des gens de goût et des artistes. C'est un musée confié à la garde du saint-père, un musée de vieux monuments, de vieux tableaux et de vieilles institutions. Laissez changer le reste du monde, mais bâtissez-moi la muraille de la Chine autour des États du pape, et que les chemins de fer n'en approchent jamais! Conservons au moins pour la postérité un bel échantillon du pouvoir absolu, de l'art antique et de la théocratie catholique ! »

Ainsi s'expriment les étrangers de la vieille roche, les bons étrangers, les vrais, les fidèles, ceux qui, à force de voir les cérémonies de Saint-Pierre et la fête des oignons à Saint-Jean de Latran, se sont fait un langage romain, une manière de voir semi-cardinale et une sorte de foi pour aller dans le monde. Je ne partage pas toutes leurs opinions, et leurs conseils ne m'ont pas été bien utiles, mais je m'intéresse à eux, je les aime et je les plains bien sincèrement. Qui sait à quels événements ils assisteront avant de mourir? Qui peut prévoir les spectacles que l'avenir leur réserve et les dérangements que la révolution italienne apportera dans leurs habitudes? Déjà les locomotives qui vont à Frascati leur écorchent les oreilles. Bientôt la voix aiguë de la vapeur, qui semble siffler avec impertinence la respectable comédie du passé, retentira jour et nuit entre Rome et Civita-Vecchia. Les bateaux à vapeur, autres engins de désordre, apportent jusqu'à deux fois par semaine une invasion de la pire espèce. Ces voyageurs à la douzaine qui encombrent les rues et les places ressemblent aux bons étrangers comme les barbares d'Attila ressemblaient au digne Espagnol qui vint à Rome exprès pour voir Tite-Live.

C'est un ramassis de gens de toute condition, car depuis que les voyages ne coûtent plus rien, le premier venu est assez riche pour se payer la vue de Rome. Avocats sans cause, médecins sans malades, employés à mille écus par an, cuistres de séminaire, gens de bureau, de fabrique et de boutique tombent ici comme la grêle, pour la vanité de dire qu'ils y sont venus. La semaine sainte en amène tous les ans un flot épouvantable. Ce menu peuple, qui voyage avec un sac de nuit sous le bras, loge à l'hôtel. On a bâti des hôtels tout exprès pour le remiser. Il n'y avait pas d'hôtels dans la ville, quand le plus mince étranger louait une maison. Le type des caravansérails modernes, c'est la *Minerve*. On y couche à trois francs la nuit ; on y mange dans un réfectoire, entre les coudes de deux voisins. Il faut s'être assis une fois à cette table d'hôte pour juger la plèbe voyageuse qui inonde la ville aux approches de Pâques.

« Moi, dit l'un, j'ai *fait* ce matin deux musées, trois galeries, quatre monuments.

— Moi, dit l'autre, je m'en suis tenu aux églises. J'en ai *abattu* dix-sept avant le déjeuner.

— Diantre ! vous n'y allez pas de main morte !

— C'est que je réserve un jour pour les environs.

— Les environs ? Je les brûle. S'il me reste une journée, ça sera pour acheter des chapelets.

— Vous n'avez pas oublié la villa Borghèse ?

— Non ; c'est de la ville, quoique hors des murs.

— Combien vous a-t-on pris ?

— J'ai donné dix sous au gardien du musée.

— Moi vingt ; j'ai été volé.

— Oh ! pour voleurs, ils le sont tous.

— C'est égal, Rome vaut le prix. »

Ombres des voyageurs du bon temps, ombres lettrées, subtiles et charmantes, que pensez-vous de ces discours ? Vous pensez que vos laquais connaissaient mieux Rome et en parlaient plus pertinemment.

Un peu plus loin, un Anglais de la Cité raconte qu'il a visité les deux grandes curiosités de la ville : le Colisée et le cardinal Antonelli. Il déclare que le Colisée est un beau monument, et le cardinal un homme de beaucoup d'esprit.

Puis, c'est une douairière de province, adonnée aux pratiques de la plus haute dévotion. Elle a vu toutes les cérémonies de Pâques; elle s'est approchée tout près du pape; elle trouve qu'il bénit d'une façon sublime. La bonne dame a mis son voyage à profit pour se procurer des reliques. Elle emporte un petit os de sainte Perpétue et une parcelle de la vraie croix. Mais ce n'est pas tout, il lui faut le rameau du pape, le véritable rameau que le saint-père a tenu dans sa main. C'est chez elle une idée fixe, une question de salut; elle ne doute pas que ce morceau de bois ne lui ouvre les portes du paradis. Elle a fait sa demande à un curé, qui la transmettra à un monsignor, qui la fera parvenir à un cardinal. A force d'insistance et de naïveté, elle finira par toucher quelqu'un, elle aura son rameau, et elle espère bien que toutes les dévotes de sa paroisse en crèveront de dépit.

Dans ces fournées de voyageurs pour rire, il se trouve toujours quelques ecclésiastiques. En voici un de notre pays; vous l'avez rencontré en France; ne vous semble-t-il pas un peu changé? A l'ombre de son clocher, au milieu de ses ouailles, sur son terrain, chez lui, c'était l'homme le plus doux, le plus modeste et le plus timide. Il saluait bien bas M. le maire et les autorités les plus microscopiques. A Rome, son chapeau paraît cloué sur sa tête; on dirait même, Dieu me pardonne! qu'il penche légèrement sur l'oreille. Comme sa-

soutane est gaillardement troussée! Comme il se dandine en marchant dans la rue! N'a-t-il pas le poing sur la hanche? Peu s'en faut. C'est qu'il est dans un royaume gouverné par les prêtres. Il respire un air imprégné de gloire cléricale et d'omnipotence théocratique. Paf! c'est une bouteille de vin de Champagne qui le salue du bouchon. Lorsqu'il l'aura vidée jusqu'au fond, il commencera à dire entre ses dents que le clergé français n'a pas ce qu'il mérite et que nous tardons bien à restituer les immeubles que la Révolution lui a volés.

J'ai entendu soutenir cette thèse sur le bateau qui me ramenait en France. Les principaux passagers étaient le prince Souworf, gouverneur de la province de Riga et l'un des hommes les plus distingués qu'on puisse rencontrer en Europe, M. de La Rochefoucauld, attaché à l'ambassade de France, M. de Angelis, *marchand de campagne* fort instruit et vraiment distingué, M. Oudry, ingénieur du chemin de Civita-Vecchia, et un ecclésiastique français d'un âge et d'une corpulence respectables. Ce révérend, qui ne haïssait pas la dispute et qui venait d'un pays où les prêtres ont toujours raison, m'entreprit après dîner sur les mérites du gouvernement pontifical. Je répondis comme je pus, en homme qui n'a pas l'habitude de la parole. Poussé dans mes derniers retranchements et sommé d'articuler un fait qui ne fût pas à la louange du pape, je choisis au hasard une anecdote toute récente, que personne n'ignorait à Rome et que l'Europe ne pouvait tarder à savoir. Mon honorable interlocuteur me salua du plus beau, du plus formel, du plus éclatant démenti. Il m'accusa de calomnier impudemment une administration innocente, de propager des mensonges forgés à plaisir par les ennemis de la religion. Sa parole tombait de si haut que j'en fus terrassé, écrasé, confondu, et que je me demandai un instant si je n'avais pas menti.

L'histoire que j'avais racontée était celle du jeune Mortara.

Mais je reviens à Rome et à nos voyageurs de pacotille. Ceux que nous avons rencontrés tout à l'heure sont déjà partis, mais nous en trouverons d'autres. Ils se poussent comme les vagues de la mer, et ils se ressemblent tous, comme un flot à un autre flot. Les voici qui font leurs provisions de souvenirs chez les marchands du Cours et de la Via Condotti. Ils s'abattent sur les chapelets à bon marché, sur les mosaïques grossières, sur les bijoux d'or faux, et généralement sur toutes les marchandises dont on a beaucoup pour cinq francs. Ils ne se soucient pas de rapporter quelque chose de beau, mais ils veulent des denrées qu'on ne trouve qu'à Rome, pour prouver à la postérité qu'ils y sont venus. Et ils marchandent comme à la halle ; et cependant lorsqu'ils rentrent à la *Minerve* avec leur butin, ils s'étonnent que tant d'argent dépensé ne fasse pas un plus gros paquet.

S'ils ne rapportaient chez eux que des chapelets, je n'y verrais pas grand mal ; mais ils rapportent aussi des opinions. Ne leur parlez point des abus qui fourmillent dans le royaume du pape : ils répondraient en se rengorgeant qu'ils sont allés à Rome et qu'ils n'en ont pas vu. Comme la surface des choses est correcte, au moins dans les beaux quartiers de la ville, ces honnêtes voyageurs se persuadent aisément que tout est bien. Ils ont vu le pape et les cardinaux dans leur gloire et leur innocence, à la chapelle Sixtine : or, ce n'est pas le jour de Pâques et sous les yeux du public que le cardinal Antonelli vaque à ses plaisirs ou à ses affaires. Lorsque Mgr B**** déshonora une jeune fille qui en est morte, et jeta le fiancé aux galères, il ne choisit pas la Sixtine pour théâtre de ses exploits.

Ne plaignez pas la nation italienne devant les pèlerins de la semaine sainte. Ils ont vu la campagne inculte depuis Civita-Vecchia jusqu'à Rome, et ils ont compris que le peuple était paresseux. Ils ont rencontré beaucoup de mendiants dans les rues, et ils ont deviné que le peuple était mendiant. Le domestique de place leur a dit quelques mots à l'oreille, et ils se sont persuadé que tous les Italiens offraient leurs filles et leurs femmes à tous les étrangers. Vous les étonneriez beaucoup en leur disant que le pape a trois millions de sujets qui ne ressemblent en rien à la canaille romaine.

Il suit de là que le passant, le voyageur superficiel, le communiant de la semaine sainte, le pensionnaire de la *Minerve* est un ennemi tout trouvé pour la nation, un défenseur naturel du gouvernement.

Quant à l'étranger qui reste, si c'est un oisif attiré

par le climat et le plaisir, indifférent au sort des nations, étranger aux chicanes de la politique, il se convertira tout seul, entre une contredanse et une tasse de chocolat, aux idées de l'aristocratie romaine.

Si c'est un homme d'étude ou d'action, envoyé pour un certain but, chargé d'approfondir certains mystères ou d'appuyer certains principes, on entreprendra sa conversion. J'ai vu des officiers très-hardis, très-ouverts, très-gaillards et nullement suspects de jésuitisme se laisser entraîner doucement par une influence invisible dans les petits sentiers de la réaction, et jurer comme des païens contre les ennemis du pape. Nos généraux, moins faciles à prendre, se laissent prendre quelquefois. Le gouvernement les cajole sans les aimer.

On n'épargne rien pour leur persuader que tout est pour le mieux. Les princes romains, qui se croient supérieurs à tous les hommes, traitent avec eux sur un pied d'égalité parfaite ; les cardinaux les caressent. Ces hommes qui s'habillent d'une robe ont des séductions merveilleuses et des patelinages irrésistibles. Le saint-père s'entretient tantôt avec l'un, tantôt avec l'autre ; il leur dit : « Mon cher général ! » Il faudrait qu'un militaire fût bien ingrat, bien mal-appris, bien dénué de respect pour l'âge et la faiblesse, bien déchu de la vieille chevalerie française, pour ne pas se faire tuer aux portes du Vatican où on le berne si bien.

Nos ambassadeurs, autres bons étrangers, sont en butte aux flatteries personnelles de la société romaine. Pauvre comte de Rayneval ! On l'avait tant choyé, tant cajolé, tant trompé, qu'il a fini par écrire sa note du 14 mai 1856 !

Son successeur, M. le duc de Gramont, est non-seulement un gentilhomme accompli, mais un esprit très-fin et très-cultivé, avec une pointe de scepticisme. C'est à Turin que l'Empereur est allé le prendre pour l'envoyer à Rome ; on pouvait donc espérer que le gouvernement pontifical lui paraîtrait détestable, absolument d'abord, et de plus par comparaison. J'ai eu l'honneur de causer quelquefois avec ce jeune et brillant diplomate, peu de temps après son arrivée, et quand le peuple romain attendait beaucoup de lui. Je l'ai trouvé contraire aux idées de M. de Rayneval et fort peu disposé à contre-signer la note du 14 mai. Cependant il commençait à juger l'administration des cardinaux et les griefs de la nation avec une impartialité plus que diplomatique. Si j'osais traduire son opinion en gros langage, je dirais qu'il mettait les gouvernants et les gouvernés dans le même sac, tant la douceur des cajoleries ecclésiastiques est puissante sur les esprits les mieux doués !

IX

LE POUVOIR TEMPOREL DU PAPE EST ABSOLU

Le conseiller de Brosses, qui ne voulait aucun mal au pape, a écrit en 1740 :

« Le gouvernement papal, quoiqu'il soit en effet le plus mauvais qu'il y ait en Europe, est en même temps le plus doux. »

Le comte de Tournon, homme de bien, économiste habile, conservateur de tous les pouvoirs existants, et juge un peu trop prévenu en faveur du pape, disait en 1832 :

« De cette concentration de pouvoirs de pontife, d'évêque et de souverain, naît naturellement l'autorité la plus absolue sur les choses temporelles ; mais l'exercice de cette autorité, tempéré par des usages et des formes de gouvernement, l'est encore plus par les vertus des pontifes qui, depuis bien des années, se sont assis sur le siége de saint Pierre ; de sorte que le gouvernement le plus absolu s'exerce avec une grande douceur. Le pape est un souverain électif ; ses États sont le patrimoine de la catholicité, parce qu'ils sont le gage de l'indépendance du chef des fidèles, et le pape régnant est le suprême administrateur, le curateur de ce domaine. »

Enfin M. de Rayneval, le dernier et le moins heureux apologiste de la papauté, faisait en 1856 les aveux que voici :

« *Naguère* les antiques traditions de la cour de Rome étaient fidèlement conservées. Toute modification aux usages établis, toute amélioration, même matérielle, était vue de mauvais œil et semblait pleine de dangers. Les affaires étaient exclusivement réservées aux prélats. Les emplois supérieurs de l'État étaient de droit interdits aux laïques. Dans la pratique, les différents pouvoirs étaient souvent confondus. Le principe de l'infaillibilité pontificale était appliqué aux questions administratives. On avait vu la décision personnelle du souverain réformer des sentences des tribunaux, même en matière civile. Le cardinal secrétaire d'État, premier ministre dans toute la force du terme, concentrait entre ses mains tous les pouvoirs. Sous sa direction suprême, les différentes branches de l'administration étaient confiées à des commis plutôt qu'à des ministres. Ceux-ci ne formaient pas conseil, ne délibéraient point en commun sur les affaires de l'État. La gestion des finances publiques s'exerçait dans le plus profond secret. Aucune information n'était donnée sur l'emploi de ses deniers. Non-seulement le budget restait un mystère, mais on s'est aperçu plus tard qu'on avait souvent omis de le dresser et de clore les comptes.

Enfin, les libertés municipales, qui, plus que toutes les autres, sont appréciées par les populations italiennes et répondent à leurs véritables tendances, avaient été soumises aux mesures les plus restrictives. *A partir du jour où le pape Pie IX est monté sur le trône..., etc.* »

Ainsi, le *naguère* de M. de Rayneval est une date précise. Il signifie en bon français : « avant l'élection de Pie IX, » ou encore : « jusqu'au 16 juin 1846. »

Ainsi, M. de Brosses, s'il était revenu à Rome en 1846, y aurait retrouvé, de l'aveu même de M. de Rayneval, le plus mauvais gouvernement de l'Europe.

Ainsi, le gouvernement le plus absolu, comme l'appelle M. de Tournon, s'y exerçait encore en 1846.

Jusqu'au 16 juin 1846, la catholicité a été propriétaire des quatre millions d'hectares qui composent le territoire romain, le pape en a été l'administrateur, le curateur ou le fermier, et les citoyens de l'État en ont été quoi ? Probablement les garçons de charrue.

Jusqu'à cette ère de délivrance, un despotisme routinier a privé les sujets du pape non-seulement de toute participation aux affaires, mais des libertés les plus modestes et les plus légitimes, des progrès les plus innocents, et même (je l'écris en frémissant) du recours aux lois ! La fantaisie d'un homme a réformé arbitrairement les sentences de la justice. Enfin une caste incapable et désordonnée a gaspillé les deniers publics sans en rendre compte à personne, quelquefois sans s'en rendre compte à elle-même. C'est M. de Rayneval qui le dit ; il faut le croire.

Je constate avant d'aller plus loin qu'un tel état de choses, avoué aujourd'hui par les apologistes de la papauté, justifie tous les mécontentements des sujets du pape, toutes leurs doléances, toutes leurs récriminations, tous leurs soulèvements antérieurs à 1846.

Mais est-il vrai que depuis 1846 le gouvernement papal ait cessé d'être le plus mauvais de toute l'Europe ? Si vous pouvez m'en montrer un pire, j'irai le dire à Rome, et les Romains seront bien étonnés.

L'autorité absolue de la papauté est-elle limitée par autre chose que par les vertus privées du saint-père ? Non. La Constitution de 1848, qu'on a déchirée ; le *motu proprio* de 1849, qu'on a éludé dans tous ses articles, sont-ils des limites ? Pas du tout. Le pape a-t-il renoncé à son titre d'administrateur ou de curateur irresponsable du patrimoine de la catholicité ? Jamais. Les affaires sont-elles exclusivement réservées aux prélats ! Toujours. Les emplois supérieurs sont-ils de droit interdits aux laïques ? De droit, non ; de fait, oui. Les différents pouvoirs sont-ils encore confondus dans la pratique ? Plus que jamais : les gouverneurs des villes continuent à juger, les évêques à administrer. Le pape a-t-il rien abdiqué de son infaillibilité en affaires ? Rien. S'est-il interdit le droit de casser l'arrêt des cours d'appel ? Aucunement. Le cardinal secrétaire d'État n'est-il plus ministre régnant ? Il règne, et les autres ministres sont ses laquais plutôt que ses commis : vous les rencontrerez le matin dans son antichambre. Y a-t-il un conseil des ministres ? Oui, quand les ministres vont prendre les ordres du cardinal. La gestion des finances publiques est-elle publique ? Point. La nation vote-t-elle l'impôt, ou se le laisse-t-elle prendre ? Comme par le passé. Les libertés municipales sont-elles étendues ? Moins qu'en 1846.

Aujourd'hui, comme dans les plus beaux temps du despotisme pontifical, le pape est tout ; il a tout, il peut tout ; il exerce sans contrôle et sans frein une dictature perpétuelle.

Je n'ai point d'aversion systématique pour la magistrature exceptionnelle des dictateurs. Les anciens Romains la prisaient hautement, y recouraient quelquefois, et s'en trouvaient bien. Quand l'ennemi était aux portes et la République en danger, le sénat et le peuple, si ombrageux à l'ordinaire, abdiquaient tous leurs droits entre les mains d'un homme et lui disaient : « Sauve-nous ! » Il y a de belles dictatures dans l'histoire de tous les temps et de tous les peuples. Si l'on comptait les étapes de l'humanité, on trouverait presque à chacune un dictateur. Une dictature a créé l'unité de la France, une autre sa grandeur militaire, une autre sa prospérité dans la paix. Des bienfaits de cette importance, et que les peuples ne sauraient se donner tout seuls, valent bien le sacrifice temporaire de toutes les libertés. Un homme de génie, doublé d'un homme de bien, et investi d'une autorité sans bornes, c'est presque un Dieu sur terre !

Mais les devoirs du dictateur sont infinis comme ses pouvoirs. Un souverain parlementaire qui marche à petits pas dans un sentier tracé par deux Chambres, et qui entend discuter le matin ce qu'il devra faire le soir, est presque innocent des fautes de son règne. Un dictateur, au contraire, est d'autant plus responsable aux yeux de la postérité, qu'il l'était moins aux termes de la Constitution. L'histoire lui reprochera ce qu'il n'a pas fait pour le bien, dans le temps où il pouvait tout, et ses omissions mêmes lui seront comptées pour crimes.

J'ajoute que dans aucun cas la dictature ne doit durer longtemps. Non-seulement il serait absurde de la vouloir héréditaire, mais un homme qui prétendrait l'exercer toujours serait un fou. Le malade se laisse attacher par le chirurgien qui va lui sauver la vie; mais, l'opération faite, il veut être délié. Les peuples n'agissent pas autrement. Du jour où les bienfaits du maître ne compensent plus l'abandon de la liberté, la nation réclame l'usage de ses droits, et les dictateurs intelligents le lui rendent[1].

J'ai causé souvent dans les États du pape avec des hommes éclairés, honorables et qui ont rang parmi les chefs de la classe moyenne. Ils m'ont dit à peu près unanimement:

« S'il nous tombait du ciel un homme assez fort pour tailler dans le vif des abus, réformer l'administration, renvoyer les prêtres à l'église et les Autrichiens à Vienne, promulguer un Code civil, assainir le pays, rendre les plaines à la culture, autoriser l'industrie,

---

[1] Voir le décret du 24 novembre 1860. (Note de la 2ᵉ édition.)

faciliter le commerce, terminer les chemins de fer, séculariser l'enseignement, propager les idées modernes et nous mettre en état de soutenir la comparaison avec la France, nous tomberions à ses pieds et nous lui obéirions comme à Dieu. On vous dit que nous ne sommes pas gouvernables : donnez-nous seulement un prince capable de gouverner, et vous verrez si nous lui marchandons le pouvoir! Quel qu'il soit, d'où qu'il vienne, il sera maître absolu de tout faire, tant qu'il restera quelque chose à faire. Tout ce que nous demandons, c'est que, sa tâche terminée, il nous permette de partager le pouvoir avec lui. Soyez sûr que, même alors, nous lui ferons bonne mesure. Les Italiens sont accommodants, et ils ne sont pas ingrats. Mais ne nous demandez pas de supporter plus longtemps cette dictature sempiternelle, oisive, taquine, ruineuse, que des vieillards hors d'âge se transmettent de main en main. Si encore ils l'exerçaient eux-mêmes! Mais chacun d'eux, trop faible pour gouverner, se décharge avec empressement d'un fardeau qui l'écrase, et nous livre pieds et poings liés au pire de ses cardinaux.

Il est trop vrai que les papes n'exercent pas eux-mêmes leur pouvoir absolu. Si le *pape blanc*, ou le saint-père, gouvernait personnellement, nous pourrions espérer, avec un peu d'imagination, qu'un miracle de la grâce le fera marcher droit. Il est rarement très-capable ou très-instruit; mais, comme disait la statue du Commandeur, « on n'a pas besoin de lumières quand on est éclairé par le ciel. »

Malheureusement, le *pape blanc* transmet ses fonctions politiques à un *pape rouge*, c'est-à-dire à un cardinal omnipotent et irresponsable, sous le nom de secrétaire d'État. Un seul homme représente le souverain au dedans et au dehors, parle pour lui, agit pour lui, répond aux étrangers, commande aux sujets, exprime toutes les volontés du pape, et les lui impose quelquefois.

Ce dictateur de seconde main a les meilleures raisons du monde pour abuser de son pouvoir. S'il espérait de succéder à son maître et de porter la couronne à son tour, il donnerait peut-être l'exemple ou la comédie de toutes les vertus. Mais il est impossible qu'un secrétaire d'État soit élu pape. Non-seulement l'usage s'y oppose, mais la nature humaine ne le veut pas. Jamais les cardinaux réunis en conclave ne s'entendront pour couronner l'homme qui les a dominés pendant un règne. Le vieux Lambruschini avait pris toutes ses mesures pour être élu. Il y avait bien peu de cardinaux qui ne lui eussent promis leur voix, et ce fut Pie IX qui monta sur le trône. L'illustre Consalvi, un des grands hommes d'État de notre siècle, tenta la même fortune avec aussi peu de succès. Après de tels exemples, le cardinal Antonelli n'a aucune chance d'obtenir la tiare, ni aucun intérêt à faire le bien.

Si du moins il pouvait croire que le successeur de Pie IX le conservera dans ses fonctions, peut-être ménagerait-il quelque chose. Mais il est inouï qu'un secrétaire d'État ait régné sous le nom de deux papes.

Cela ne se verra jamais, parce que cela ne s'est jamais vu : nous sommes dans un pays où l'avenir est le très-humble serviteur du passé. La tradition exige absolument qu'un nouveau pape disgracie le favori de son prédécesseur, et se rende populaire par ce moyen.

Ainsi, tout secrétaire d'État est dûment averti qu'il règne dans une impasse, et qu'il rentrera dans la foule du sacré-collége le jour où son maître prendra le chemin du ciel. Il doit donc profiter du bon temps.

Il sait, de plus, qu'après sa disgrâce, personne ne lui demandera compte de ses actions, car le dernier des cardinaux est inviolable comme les douze apôtres. Il serait donc bien sot de se refuser quelque chose, tandis qu'il a le pouvoir en main.

Le moment est venu d'esquisser, en quelques pages, le portrait des deux hommes dont l'un possède et l'autre exerce la dictature sur trois millions de malheureux.

X

PIE IX

La vieillesse, la majesté, la vertu, le malheur, ont droit au respect de tous les honnêtes gens : ne craignez pas que je l'oublie.

Mais la vérité a ses droits aussi : elle est vieille, elle est reine, elle est sainte, et quelquefois les hommes la maltraitent cruellement.

Je ne perdrai pas de vue que le pape a soixante-sept ans, qu'il porte une couronne vénérée par 139 millions de catholiques, que sa vie privée a toujours été exemplaire, qu'il pratique le désintéressement le plus noble sur un trône où l'égoïsme a siégé longtemps, qu'il a spontanément ouvert son règne par des bienfaits, que ses premiers actes ont donné les plus belles espérances à l'Italie et à l'Europe, qu'il a souffert les tortures lentes de l'exil, qu'il exerce une royauté précaire et dépendante, sous la protection de deux armées et qu'il vit en puissance de cardinal. Mais ceux qu'on a tués à coups de canon, pour le remettre sur le trône, ceux que les Autrichiens ont fusillés pour affermir son pouvoir, et même ceux qui travaillent dans la plaine empestée pour nourrir son budget sont encore plus malheureux que lui.

Jean-Marie, des comtes Mastaï Ferretti, né le 13 mai 1792 et nommé pape le 16 juin 1846 sous le nom de Pie IX, est un homme plus vieux que son âge, petit, obèse, un peu blafard, et d'une santé qui menace. Sa physionomie paterne et somnolente respire la bonté et la lassitude ; elle n'a rien d'imposant. Grégoire XVI était laid et bourgeonné, mais il avait grand air à ce que l'on assure.

Pie IX joue médiocrement son rôle dans les grandes représentations de l'Église catholique. Les croyants qui sont venus de loin pour le contempler à la messe s'étonnent de le voir prendre une prise de tabac au milieu des vapeurs azurées de l'encens. Dans ses heures de loisir, il s'exerce au jeu de billard, par ordonnance des médecins.

Il croit en Dieu. C'est non-seulement un vrai chrétien, mais un dévot. Dans son enthousiasme pour la vierge Marie, il a proclamé le dogme de l'immaculée Conception et élevé un monument de mauvais goût, qui n'embellit point la place d'Espagne. Ses mœurs sont pures et l'ont toujours été, même du temps qu'il était jeune prêtre ; mérite assez commun chez nous, mais rare et miraculeux au delà des monts.

Il a des neveux qui, chose admirable ! ne sont ni riches, ni puissants, ni même princes. Cependant aucune loi ne lui interdit de dépouiller ses sujets au profit de sa famille. Grégoire XIII a donné à son neveu Ludovisi quatre millions de bon papier qui valait de l'argent. Les Borghèse ont acheté, d'un seul coup, quatre-vingt-quinze fermes avec l'argent de Paul V. Une commission réunie en 1640, sous la présidence du R. P. Vitelleschi, général des jésuites, décida, pour couper court aux abus, que tous les papes se réduiraient à fonder un majorat de 400,000 francs de rente pour leur neveu favori, sauf à créer une seconde géniture en faveur d'un autre, et qu'ils ne pourraient donner à chacune de leurs nièces plus de 900,000 francs de dot.

On me dira que le népotisme est tombé en désuétude dès le commencement du xviii° siècle, mais rien n'empêchait Pie IX de le remettre à la mode, comme fit autrefois Pie VI. Il ne l'a pas voulu. Ses parents sont de noblesse moyenne et de fortune médiocre : il n'a rien changé à leur position. Le comte Mastaï Ferretti, son neveu, s'est marié tout dernièrement, et le cadeau de noce du saint-père s'est réduit à un petit lot de diamants estimé 200,000 francs. Et ne croyez pas que cette libéralité modeste ait coûté un centime à la nation : les diamants venaient de l'empereur des Turcs. Il y a une dizaine d'années que le sultan de Constantinople, commandeur des croyants, offrit au commandeur des infidèles une selle brodée de pierres fines. Les commis-voyageurs en restauration qui affluaient à Gaëte et à Portici en emportèrent beaucoup dans leurs malles; le reste est dans l'écrin de la jeune comtesse Ferretti.

Le caractère de cet honnête vieillard est fait de dévotion, de bonhomie, de vanité, de faiblesse et d'entêtement, avec une pointe de rancune qui perce de temps à autre. Il bénit avec onction et pardonne avec difficulté; bon prêtre et roi insuffisant.

Son esprit, qui nous a donné de si belles espérances et des déceptions si cruelles, est d'une portée ordinaire. Je ne crois pas qu'il soit infaillible dans les choses temporelles. Son instruction est celle de tous les cardinaux italiens. Il s'explique passablement en français.

Le peuple de ses États l'a jugé avec exagération depuis le jour de son avénement. En 1847, lorsqu'il manifestait de bonne foi un vif désir de bien faire, les Romains l'ont baptisé grand homme. Hélas! non, c'était tout simplement un excellent homme, désireux d'agir autrement et mieux que ses devanciers, et de mériter quelques applaudissements de l'Europe. En 1859, il passe pour un réactionnaire violent, parce que les événements ont découragé son bon vouloir, et surtout parce que le cardinal Antonelli, son maître par la peur, le tire violemment en arrière. Je ne le trouve ni haïssable dans le présent, ni admirable dans le passé. Je le plains d'avoir lâché la bride à son peuple, sans avoir la main assez ferme pour le retenir à propos. Je le plains surtout de son infirmité présente, qui laisse faire en son nom plus de mal qu'il n'a fait de bien.

L'insuccès de toutes ses entreprises et trois ou quatre accidents arrivés en sa présence ont accrédité dans le petit peuple de Rome un préjugé curieux. On s'imagine que le vicaire de Jésus-Christ est *jettatore,* ou qu'il a le mauvais œil. Lorsqu'il traverse le Cours dans sa voiture, les bonnes femmes tombent à genoux, mais elles font les cornes sous leur mantelet.

Les hommes des sociétés secrètes lui imputent, mais pour d'autres raisons, tous les malheurs et toutes les servitudes de l'Italie. Il est certain que la question italienne serait bien simplifiée s'il n'y avait pas un pape à Rome, mais la haine des radicaux contre Pie IX est condamnable dans tout ce qu'elle a de personnel. Ils le tueraient inévitablement, si nos soldats n'étaient pas là pour le défendre. Ce meurtre serait aussi injuste que celui de Louis XVI, et non moins inutile. La guillotine ôterait la vie à un vieillard qui est bon; elle ne tuerait pas le principe de la monarchie sacerdotale, qui est mauvais.

Je n'ai point demandé d'audience à Pie IX, je n'ai baisé ni sa main ni sa mule; la seule marque d'attention qu'il m'ait jamais accordée, c'est quelques lignes injurieuses en tête du *Journal de Rome.* Cependant il m'est impossible de ne pas le défendre lorsqu'on l'accuse devant moi.

Mettez-vous à la place de ce trop illustre et trop malheureux vieillard. Après avoir été près de deux ans le favori de l'opinion publique et le *lion* de l'Europe, il s'est vu réduit à quitter précipitamment son palais du

Quirinal; il a connu à Gaëte et à Portici ces heures impatientes qui aigrissent l'esprit des émigrés. Un grand principe, fort ancien, et dont la légitimité n'est pas douteuse pour lui, était violé en sa personne. Ses conseillers lui disaient unanimement : « C'est votre faute; vous avez mis la monarchie en danger par vos idées de progrès. L'immobilité des gouvernements est la condition *sine qua non* de la stabilité des trônes; vous n'en douterez plus, si vous relisez l'histoire de vos devanciers. » Il avait eu le temps de se convertir à ce système, quand les armées catholiques lui rouvrirent le chemin de Rome. Heureux de voir le principe sauvé, il se jura à lui-même de ne rien plus compromettre et de régner immobile, suivant la tradition des papes. Mais voici les étrangers, ses sauveurs, qui lui imposent la condition de marcher en avant ! Que faire ? Il n'osait ni tout refuser ni tout promettre. Il a hésité longtemps, puis il s'est engagé malgré lui, puis il s'est délié, dans l'intérêt de l'avenir, des engagements qu'il avait pris dans l'intérêt du présent. Maintenant il boude contre son peuple, contre les Français et contre lui-même. Il sait que la nation souffre, mais il se laisse dire que le malheur de la nation est indispensable à la sécurité de l'Église. Les murmures de sa conscience sont étouffés par les souvenirs de 1848 qu'on lui rappelle, et par la peur de la révolution, dont on l'étourdit. Il se bouche donc les yeux et les oreilles, et il s'applique à mourir tranquille entre ses sujets furieux et ses protecteurs mécontents. Tous les hommes sans énergie se conduiraient comme lui, si on les mettait à sa place. Ce n'est pas lui qu'il faut condamner, c'est la faiblesse et la vieillesse.

Mais je ne me charge pas d'obtenir l'acquittement du cardinal Antonelli.

XI

ANTONELLI

Il est né dans un repaire. Sonnino, son village, était plus célèbre dans l'histoire du crime que toute l'Arcadie dans les annales de la vertu. Ce nid de vautours se cachait dans les montagnes du Midi, vers la frontière du royaume de Naples. Des chemins impraticables à la gendarmerie serpentaient à travers les mâquis et les halliers. Quelques forêts entrelacées de lianes, quelques ravins profonds, quelques grottes ténébreuses, formaient un paysage à souhait pour la commodité du crime. Les maisons de Sonnino, vieilles, mal bâties, jetées les unes sur les autres et presque inhabitables à l'homme, n'étaient que les dépôts du pillage et les magasins de la rapine. La population, alerte et vigoureuse, cultivait, depuis plusieurs siècles, le vol à main armée et gagnait sa vie à coups de fusil. Les enfants nouveau-nés respiraient le mépris des lois avec l'air de la montagne, et suçaient, avec le lait de leurs mères, la convoitise du bien d'autrui. Ils chaussaient de bonne heure les mocassins de cuir brut, ces chôches (*cioccie*) avec lesquelles on court légèrement sur les roches les plus escarpées. Lorsqu'on leur avait enseigné l'art de poursuivre et d'échapper, de prendre et de n'être point pris, la valeur des monnaies, l'arithmétique des partages et les principes du droit des gens tel qu'il se pratique chez les Apaches ou les Comanches, leur éducation était faite. Ils apprenaient tout seuls à jouir du bien conquis et à satisfaire leurs passions dans la victoire. En l'an de grâce 1806, cette race appétente et brutale, impie et superstitieuse, ignorante et rusée, gratifia l'Italie d'un petit montagnard appelé Jacques Antonelli.

Les éperviers ne couvent pas de colombes : c'est un axiome d'histoire naturelle qui n'a plus besoin de démonstration. Si le jeune Antonelli avait apporté en naissant les vertus naïves d'un berger d'Arcadie, son village l'eût renié. Mais l'influence de certains événements modifia sinon sa nature, au moins sa conduite. Son enfance et sa jeunesse furent soumises à deux influences contradictoires. Si le brigandage lui avait donné ses premières leçons, la gendarmerie lui en donna d'autres. Il n'avait pas plus de quatre ans, lorsque certains bruits d'une haute moralité ébranlèrent violemment ses oreilles : c'était l'armée française qui fusillait les brigands dans la banlieue de Sonnino. Après le retour de Pie VII, il vit couper la tête à plusieurs voisins de sa famille, qui l'avaient fait sauter sur leurs genoux. Ce fut bien pis sous Léon XII. Le chevalet et le nerf de bœuf étaient en permanence sur la place du village. L'autorité rasait tous les quinze jours la maison d'un bandit, après avoir emmené sa famille aux galères et payé une prime à son dénonciateur. La porte Saint-Pierre, qui touche à la maison Antonelli, s'embellissait d'une guirlande de têtes coupées, et ces reliques éloquentes grimaçaient assez dogmatiquement dans leurs cages de fer. Avouez que, si le spectacle est l'école de la vie, c'est surtout un spectacle comme celui-là. Le jeune Giacomo put réfléchir sur les inconvénients du brigandage, avant même d'en avoir goûté les plaisirs. Autour de lui, quelques hommes de progrès cherchaient déjà des industries moins périlleuses que le vol. Son père, qui avait, dit-on, l'étoffe d'un Gasperone ou d'un Passatore, ne s'exposait pas sur les grands chemins. Après avoir gardé les bœufs, il se faisait intendant, puis receveur municipal, et gagnait plus d'argent avec moins de danger.

Le jeune homme hésita quelque temps sur le choix d'un état. Sa vocation était celle de tous les habitants de Sonnino : vivre dans l'abondance, ne manquer d'aucune sorte de plaisirs, être partout chez soi, ne dépendre de personne, dominer les gens, leur faire peur au besoin, et surtout violer impunément les lois. Pour atteindre un but si élevé, sans exposer sa vie qui lui fut toujours chère, il entra au grand séminaire de Rome.

Dans nos pays de scepticisme, on entre au séminaire avec l'espoir d'être ordonné prêtre : Antonelli comptait bien ne l'être jamais. C'est que dans la capitale de l'Église catholique les lévites un peu intelligents deviennent magistrats, préfets, conseillers d'État, ministres. On fabrique des curés avec les fruits secs.

Antonelli se distingua si bien qu'il échappa, Dieu aidant, au sacrement de l'ordre. Il n'a jamais dit la messe; il n'a confessé personne; je ne veux pas jurer qu'il se soit confessé lui-même. Il obtint l'amitié de Grégoire XVI, plus utile assurément que toutes les vertus chrétiennes. Il fut prélat, magistrat, préfet, secrétaire général de l'intérieur et ministre des finances. Dira-t-on qu'il n'avait pas pris le bon chemin? Un ministre des finances, si peu qu'il sache son métier, économise plus d'argent en six mois que tous les brigands de Sonnino en vingt années.

Sous Grégoire XVI, il avait été réactionnaire pour se rendre agréable au souverain. A l'avénement de Pie IX, il professa, pour la même raison, des idées libérales. Un chapeau rouge et un portefeuille furent la récompense de ses nouvelles convictions et prouvèrent aux habitants de Sonnino que le libéralisme lui-même était plus lucratif que le brigandage. Quelle leçon pour ces montagnards! Un des leurs se promenait en carrosse jusque devant les casernes, et les soldats lui présentaient les armes au lieu de lui tirer des coups de fusil!

Il s'empara du nouveau pape comme de l'ancien, et l'on vit que la meilleure manière de prendre les gens n'était pas de les arrêter sur les grandes routes. Pie IX, qui n'avait point de secrets pour lui, lui confia son désir de corriger les abus, sans dissimuler sa crainte de trop réussir. Il servit le saint-père jusque dans ses irrésolutions. Comme président de la consulte d'État, il proposait les réformes, et comme ministre, il les ajournait. Personne ne fut plus actif à préparer la Constitution de 1848, ni même à la violer. Il envoya Durando combattre les Autrichiens, et le désavoua dès qu'il se fut battu.

Il se retira du ministère lorsqu'il y vit quelques dangers à courir, mais il aida le pape dans la secrète opposition qu'il faisait à ses ministres. Le meurtre de Rossi lui inspira des réflexions sérieuses. Lorsqu'on a pris la peine de naître à Sonnino, ce n'est pas pour se laisser assassiner; au contraire. Il mit en sûreté le pape et lui-même, et vint jouer à Gaëte le rôle de secrétaire d'État *in partibus.*

De cet exil date sa toute-puissance sur l'esprit du saint-père, sa réhabilitation dans l'estime des Autrichiens et toute l'unité de sa conduite. Plus de contradictions dans sa vie politique. Ceux qui l'accusaient d'hésiter entre le bien de la nation et son intérêt personnel sont réduits au silence. Il veut restaurer le pouvoir absolu des papes pour en disposer à son aise. Il empêche tout rapprochement entre Pie IX et ses sujets; il appelle les canons de la catholicité à la conquête de Rome. Il malmène les Français qui se font tuer pour lui; il ferme l'oreille aux avis libéraux de Napoléon III; il prolonge à dessein l'exil de son maître; il rédige les promesses du *motu proprio,* en songeant au moyen de les éluder. Il rentre enfin, et, pendant dix ans, il règne sur un vieillard timide et sur un peuple enchaîné, opposant une résistance passive à tous les conseils de la diplomatie et à toutes les volontés de l'Europe ; cramponné au pouvoir, insouciant de l'avenir, abusant de l'heure présente et augmentant tous les jours sa fortune, à la mode de Sonnino.

En 1859, il a cinquante-trois ans. Il s'est conservé jeune. Son corps est svelte et robuste, et sa santé montagnarde. La largeur de son front, l'éclat de ses yeux, son nez en bec d'aigle et tout le haut de sa figure inspire un certain étonnement. Il y a comme un éclair d'intelligence sur cette face brune et tant soit peu moresque. Mais sa mâchoire lourde, ses dents longues, ses lèvres épaisses expriment les appétits les plus grossiers. On devine un ministre greffé sur un sauvage. Lorsqu'il assiste le pape dans les cérémonies de la semaine sainte, il est magnifique de dédain et d'impertinence. Il se retourne de temps en temps vers la tribune diplomatique, et il regarde sans rire ces pauvres ambassadeurs qu'il berne du matin au soir.

Il loge au Vatican, sur la tête du pape. Les Romains demandent, en manière de calembour, lequel est le plus haut, du pape ou d'Antonelli.

Toutes les classes de la société le haïssent également. Concini lui-même ne fut pas mieux détesté. Il est le seul homme sur qui tout le peuple tombe d'accord.

Un prince romain me communiquait l'état approximatif des revenus de la noblesse. En me remettant la liste, il me dit : « Vous remarquerez deux familles dont la richesse est indiquée par des points : c'est l'infini. L'une est la famille Torlonia, l'autre est la famille Antonelli. L'une et l'autre ont fait fortune en peu d'années, la première par la spéculation, la deuxième par le pouvoir. »

Les cardinaux Altieri et Antonelli discutaient une question devant le saint-père. Ils en vinrent à se donner quelques démentis. Le pape inclinait vers son ministre. Le noble Altieri s'écria : « Puisque Votre Sainteté accorde plus de créance à un *chôchar* (à un homme qui a porté les chôches) qu'à un prince romain, je n'ai plus qu'à me retirer. »

Les apôtres eux-mêmes sont animés d'un certain mécontentement contre le secrétaire d'État. La dernière fois que le pape rentra solennellement dans sa capitale (c'était, je pense, après son voyage de Bologne), la porte du Peuple et le Cours étaient tendus suivant l'usage, et les vieilles statues de saint Pierre et de saint Paul avaient disparu sous les draperies. Le peuple trouva le dialogue suivant écrit au coin d'un mur :

Pierre a Paul. « Dis-moi, camarade, m'est avis que céans on nous délaisse un peu.

Paul.—Que veux-tu? nous ne sommes plus rien. Il n'y a que Jacques au monde. »

Je sais que la haine ne prouve rien, même la haine des apôtres. La nation française, qui se pique de justice, a insulté le convoi funèbre de Louis XIV. Elle a détesté par moments Henri IV pour ses économies et Napoléon pour ses victoires. Un homme d'État ne doit pas être jugé sur les dépositions de ses ennemis. Les seules preuves que nous devions admettre pour et contre lui sont ses actes publics; les seuls témoins à entendre sont la grandeur et la prospérité du pays qu'il gouverne.

Mais il est à craindre qu'une telle enquête ne soit accablante pour Antonelli. La nation lui reproche tous les maux qu'elle a soufferts en dix ans. La misère et l'ignorance publique, la décadence de tous les arts, la violation de tous les droits, l'oppression de toutes les libertés et le fléau permanent de l'occupation étrangère retombent sur sa tête, puisqu'il est seul responsable de tout.

A-t-il au moins servi utilement le parti de la réaction? J'en doute. Quelles factions a-t-il supprimées à l'intérieur? C'est sous son règne que les sociétés secrètes ont pullulé dans Rome. Quelles réclamations a-t-il fait taire au dehors? L'Europe se plaint unanimement, et tous les jours elle élève la voix un ton plus haut. Il n'a réconcilié au saint-père ni un parti, ni une puissance. En dix ans de dictature, il n'a gagné ni l'estime d'un étranger, ni la confiance d'un Romain; il a gagné du temps et rien de plus. Sa prétendue capacité n'est que malice. Il a la finesse du paysan, la ruse du peau-rouge; il n'a pas cette hauteur de vues qui fonde solidement l'oppression des peuples. Personne, mieux que lui, ne sait traîner une affaire en longueur, amuser le tapis, fatiguer les diplomates; mais ce n'est point par des jeux de cette sorte qu'on affermit une tyrannie branlante. Il a toutes les rouertes de la mauvaise politique; je ne sais pas s'il en a le talent.

Il n'en a pas besoin pour arriver à son but ; car enfin que veut-il ? Dans quel espoir est-il descendu des montagnes de Sonnino ? Croyez-vous en bonne foi qu'il songeât à devenir le bienfaiteur de la nation ? ou le sauveur de la papauté ? ou le don Quichotte de l'Église ? Pas si sot ! Il s'intéressait premièrement à sa personne, deuxièmement à sa famille.

Sa famille va bien. Ses quatre frères, Philippe, Louis, Grégoire et Ange (passez-moi le mot) ont porté des chôches lorsqu'ils étaient jeunes; ils portent aujourd'hui tous ensemble et parallèlement la couronne de comte. L'un est gouverneur de la Banque, excellente affaire. On lui a donné le mont-de-piété, depuis la condamnation du pauvre Campana. Un autre est conservateur de Rome, sous un sénateur choisi pour sa nullité, c'est-à-dire adjoint d'une commune où le maire ne compte pas. Un autre exerce publiquement le métier d'accapareur, avec de grandes facilités pour interdire ou autoriser l'exportation, selon que ses magasins sont pleins ou vides. Le plus jeune est le commis-voyageur, le diplomate, le messager de la famille, *angelus domini*. Le comte Dandini, simple cousin, règne à la police. Ce petit monde manie, déplace, augmente une fortune invisible, insaisissable et incalculable. On ne les plaint pas à Sonnino.

Quant au secrétaire d'État, les hommes et les femmes qui le connaissent dans l'intimité assurent unanimement que sa vie est douce. N'était l'ennui de tenir tête aux diplomates et de donner audience tous les matins, il serait le plus heureux des montagnards. Ses goûts sont simples : une robe de soie rouge, un pouvoir illimité, une fortune énorme, une réputation européenne et tous les plaisirs à l'usage de l'homme ; ce peu lui suffit. Ajoutez une admirable collection de minéraux parfaitement classée, qu'il conserve, entretient et enrichit tous les jours avec la passion d'un amateur et la tendresse d'un père.

Je vous ai dit qu'il avait toujours échappé au sacrement de l'ordre. Il est cardinal-diacre. Les bonnes âmes, qui veulent absolument que tout soit bien à Rome, font sonner bien haut l'avantage qu'il a de n'être pas prêtre. Si on l'accuse d'être trop riche : d'accord, répondent ces chrétiens indulgents ; mais souvenez-vous qu'il n'est pas prêtre ! Si l'on trouve qu'il a lu Machiavel avec profit : il n'est pas prêtre ! Si le public cite un peu souvent ses bonnes fortunes : il n'est pas prêtre ! Je ne savais pas que les diacres eussent le privilége de tout faire impunément. A ce prix, que ne nous permettra-t-on point, à nous qui ne sommes pas même tonsurés ?

Ce mortel heureux a une faiblesse, mais elle est bien naturelle : il craint la mort.

Un seul homme a osé menacer une vie si précieuse à elle-même ; c'était un misérable idiot. Poussé par les sociétés secrètes, il se posta dans l'escalier du Vatican et attendit le cardinal au passage. Le moment venu, il tira de sa poche, avec de grandes difficultés, une fourchette. Le cardinal aperçut l'arme et fit un bond en arrière que les chamois des Alpes auraient admiré. Le pauvre assassin était déjà saisi, garrotté et livré aux juges. Les tribunaux romains, qui pardonnent trop souvent aux coupables, furent sans pitié pour cet innocent : on lui coupa la tête. Le cardinal, plein de clémence, s'était jeté officiellement aux pieds du pape, pour implorer une grâce qu'il était sûr de ne point obtenir. Il paye une pension à la veuve : n'est-ce pas le fait d'un homme d'esprit?

Cependant, depuis qu'il s'est vu en présence d'une fourchette, il ne sort jamais sans les plus grandes précautions. Ses chevaux sont dressés à galoper furieusement par les rues : c'est au peuple à se garer.

La peur de la mort, la passion de l'argent, le sentiment de la famille, le mépris des hommes, l'indifférence au bonheur des peuples et divers traits de ressemblance accidentelle ont fait comparer Antonelli à Mazarin. Ils sont nés dans les mêmes montagnes ou peu s'en faut. L'un s'est introduit furtivement dans le cœur d'une femme et l'autre dans l'esprit d'un vieillard. L'un et l'autre ont gouverné sans scrupule et mérité la haine de leurs contemporains. Ils ont parlé le français aussi comiquement l'un que l'autre, mais sans ignorer aucune des finesses de la langue.

Cependant il y aurait de l'injustice à les placer sur la même ligne. L'égoïste Mazarin a dicté à l'Europe les traités de Westphalie et la paix des Pyrénées ; il a fondé par la diplomatie la grandeur de Louis XIV et fait les affaires de la monarchie française, sans toutefois négliger les siennes. Antonelli a fait fortune au détriment de la nation, du pape et de l'Église. On peut comparer Mazarin à un tailleur excellent, mais fripon, qui habille bien ses pratiques après avoir prélevé quelques aunes de drap pour lui-même. Antonelli ressemble à ces juifs du moyen âge qui démolissaient le Colisée pour prendre le fer des scellements.

XII

LE GOUVERNEMENT DES PRÊTRES

Si le pape était simplement le chef de l'Église; si, renfermant son action à l'intérieur des temples, il renonçait à gouverner les choses temporelles où il n'entend rien, ses compatriotes de Rome, d'Ancône et de Bologne pourraient se gouverner eux-mêmes, comme nous faisons à Londres ou à Paris. L'administration serait laïque, la justice laïque, les finances laïques ; la nation pourvoirait à ses propres besoins avec ses propres revenus, suivant l'usage de tous les pays civilisés.

Quant aux frais généraux du culte catholique, qui n'intéresse pas plus spécialement les Romains que les Champenois, une contribution volontaire, fournie par 139 millions d'hommes y pourvoirait amplement. Si chaque fidèle donnait un sou par an, le chef de l'Église aurait quelque chose comme sept millions à dépenser pour les cierges, l'encens, le salaire des chantres, les gages des sacristains et les réparations de la basilique de Saint-Pierre. Nul catholique ne pourrait avoir l'idée de refuser sa quote-part, puisque le saint-père, absolument étranger aux intérêts du monde, ne pourrait mécontenter personne. Cet impôt rendrait donc l'indépendance aux Romains sans diminuer l'indépendance du pape.

Malheureusement le pape est roi. En cette qualité, il veut avoir une cour, ou du moins un entourage pompeux. Il le choisit parmi les hommes de sa foi, de son opinion et de sa robe : rien de plus logique. La cour du pape, à son tour, veut cumuler le spirituel et le temporel et disposer des charges de l'État. Le souverain peut-il objecter que cette prétention est ridicule ? Non. Ajoutez qu'il espère être servi plus fidèlement par des prêtres. Songez encore que le revenu des emplois les plus hauts et les mieux rétribués est indispensable à l'éclat de sa cour.

Il suit de là que prêcher au pape la sécularisation du gouvernement, c'est prêcher dans le désert. Voilà un homme qui n'a pas voulu être laïque, qui plaint les laïques d'être laïques et les considère comme une caste inférieure à la sienne ; qui a reçu une éducation anti-laïque ; qui pense, sur tous les points importants, autrement que les laïques ; et vous voulez que dans un empire où il est maître absolu, il aille partager son pouvoir avec les laïques ! Vous exigez qu'il s'entoure de ces gens-là, qu'il les appelle à ses conseils, qu'il leur confie l'exécution de ses volontés ! Que fera-t-il ? S'il a peur de vous, s'il tient à vous ménager, s'il lui importe de faire croire à ses bonnes intentions, il ira chercher dans les entre-sols de ses ministères quelques laïques sans nom, sans caractère et sans talent ; il étalera leur nullité au grand jour, et, l'expérience faite, il vous dira mélancoliquement : « J'ai fait ce que j'ai pu. » Mais s'il était hardi, franc du collier et d'humeur à jouer cartes sur tables, il répondrait dès le premier mot : « Mettez un laïque à ma place, si vous voulez séculariser quelque chose. »

Ce n'est pas en 1859 que le pape oserait parler si fièrement. Intimidé par la protection de la France, étourdi par les doléances unanimes de ses sujets, réduit à compter avec l'opinion publique, il proteste qu'il a tout sécularisé. « Voyez plutôt, dit-il ; comptez mes fonctionnaires. J'ai 14,576 employés laïques ; un peu plus d'employés que de soldats. On vous a dit que les ecclésiastiques envahissaient tous les emplois ; où sont-ils ? M. de Rayneval a bien cherché ; il n'en a trouvé que 98. Encore une bonne moitié de ceux-là n'étaient-ils pas prêtres ! On a rompu depuis longtemps avec le régime clérical. J'ai décrété moi-même l'admissibilité des laïques à tous les emplois, sauf un seul. Pour témoigner de mon bon vouloir, j'ai gardé quelque temps des ministres laïques. J'ai donné les finances à un simple comptable, la justice à un petit avocat obscur, la guerre à un homme de bureau qui avait servi comme intendant chez plusieurs éminences. Présentement, je l'avoue, nous n'avons pas de laïques au ministère, mais la loi ne me défend pas d'en nommer, et c'est une grande consolation pour mes sujets.

Dans les provinces, j'ai nommé jusqu'à trois préfets laïques sur dix-huit. Si je les ai remplacés par les prélats, c'est que les administrés m'en suppliaient à grands cris. Est-ce ma faute à moi, si le peuple n'a de respect que pour l'habit ecclésiastique? »

Ce système de défense pourra tromper quelques bonnes âmes, mais il me semble que si j'étais pape, ou secrétaire d'État, ou simple partisan de l'administration pontificale, j'aimerais mieux dire la vérité. Elle est logique, elle est conforme au principe du gouvernement, elle découle de la constitution. Les choses sont exactement ce qu'elles doivent être, sinon pour le bonheur du peuple, du moins pour la grandeur, la sécurité et la satisfaction de son chef temporel.

Oui, tous les ministres, tous les préfets, tous les ambassadeurs, tous les dignitaires de la cour et tous les magistrats des tribunaux supérieurs sont des ecclésiastiques. Oui, *l'auditeur sanctissime*, le secrétaire des *Brevi* et des *Memoriali*, les présidents et vice-présidents du conseil d'État et de la consulte des finances, le directeur général de la police, le directeur de la santé publique et des prisons, le directeur des archives, le procureur général du fisc, le président et le secrétaire du cadastre, le président de la commission d'agriculture sont tous ecclésiastiques. L'instruction publique est au mains des ecclésiastiques, sous la haute surveillance de treize cardinaux. Tous les établissements de bienfaisance, tous les biens des pauvres sont le patrimoine de directeurs ecclésiastiques. Les congrégations de cardinaux jugent des procès à leurs moments perdus, et les évêques du royaume sont autant de tribunaux vivants.

Pourquoi dissimuler à l'Europe un ordre de choses si naturel? Il faut qu'elle sache ce qu'elle a fait en rétablissant un prêtre sur le trône.

Tous les emplois qui donnent pouvoir ou profit appartiennent d'abord au pape, ensuite au secrétaire d'État, ensuite aux cardinaux, enfin aux prélats. Chacun tire à soi, dans l'ordre hiérarchique, et, lorsque les parts sont faites, on jette à la nation les miettes du pouvoir, les places dont aucun ecclésiastique n'a voulu, 14,576 emplois de toute sorte, et particulièrement ceux de gardes champêtres. Ne vous étonnez pas d'une telle distribution. Songez que, dans le gouvernement de Rome, le pape est tout, le secrétaire d'État est presque tout, les cardinaux sont quelque chose, les prélats sont en passe de devenir quelque chose; mais la nation laïque, mariée et qui fait des enfants, n'est et ne sera jamais rien.

Le mot *prélat* s'est rencontré sous ma plume; j'ai besoin de l'expliquer un peu. C'est un titre assez respecté chez nous; il ne l'est pas autant à Rome. Nous ne connaissons de prélats que nos évêques et nos archevêques. Lorsqu'un de ces hommes vénérables sort de son palais dans un carrosse antique, au petit pas de deux chevaux, nous savons, sans qu'on nous le dise, qu'il a usé les trois quarts de sa vie dans les travaux les plus méritoires. Il a dit la messe dans un village avant d'être curé de canton. Il a prêché, confessé, conduit les morts au cimetière, porté le viatique aux malades, distribué l'aumône aux malheureux. Le prélat romain est souvent un gros garçon qui sort du séminaire avec une tonsure pour tout sacrement. Il est docteur en quelque chose, il peut justifier d'un petit revenu, et il entre dans l'Église en amateur, pour voir s'il y fera son chemin. Le pape lui permet de s'appeler *monsignor*, au lieu de *signor*, et de porter des bas violets. Ainsi chaussé, il se met en route, et le voilà trottant vers le chapeau de cardinal. Il passe par les tribunaux, ou par l'administration, ou par la domesticité intime du Vatican : tous les chemins sont bons, pourvu qu'on ait du zèle et qu'on professe un pieux mépris pour les idées libérales. La vocation ecclésiastique n'est pas de rigueur, mais on n'arrive à rien sans un bon fonds d'idées rétrogrades. Le prélat qui prendrait au sérieux la lettre de l'Empereur à M. Edgar Ney serait un homme fini; il ne lui resterait plus qu'à se marier; car on prend femme le jour où l'on désespère de parvenir. Un ambitieux découragé se tue, à Paris; à Rome, il se marie.

Le prélat est quelquefois un cadet de grande famille. Sa maison est de celles qui ont droit au chapeau. Il le sait. Le jour où il met les bas violets, il peut d'avance commander ses bas rouges. En attendant, il fait son stage, prend du bon temps et jette ses gourmes. Les cardinaux ferment les yeux sur sa conduite, pourvu qu'il professe des idées saines. Fais tout ce que tu voudras, enfant de prince, mais que ton cœur soit clérical!

Enfin, il n'est pas rare de trouver parmi les prélats quelques officiers de fortune, aventuriers de l'Église, que l'ambition des grandeurs ecclésiastiques a fait sortir de leurs pays. Tout l'univers catholique fournit son contingent à ce corps de volontaires. Ces messieurs donnent de singuliers exemples au peuple romain, et j'en sais plus d'un à qui les mères de famille ne confieraient pas l'éducation de leurs fils. Il m'était arrivé de peindre dans une nouvelle [1] un prélat bon à rouer : les bonnes gens de Rome m'en ont nommé trois ou quatre qu'ils avaient cru reconnaître au portrait. Mais il est inouï qu'un prélat, si vicieux qu'il puisse être, professe des idées libérales. Un seul mot échappé de sa bouche en faveur de la nation le perdrait.

M. de Rayneval a dépensé beaucoup d'esprit pour démontrer que les prélats, n'ayant pas reçu le sacrement de l'ordre, appartenaient à l'élément laïque. A ce compte, une province devrait s'estimer heureuse et croire qu'elle a échappé au gouvernement des prêtres, lorsqu'on lui donne pour préfet un simple tonsuré. Pour moi, je ne vois pas en quoi les prélats tonsurés sont plus laïques que les prêtres. Ils n'ont pas la vocation, j'en conviens, ni les vertus du sacerdoce, mais ils ont les idées, les intérêts, les passions de la caste ecclésiastique. Ils visent au chapeau de cardinal, quand leur ambition ne va point jusqu'à la tiare : singuliers

---

[1] *Tolla.*

laïques en vérité, et bien faits pour inspirer la confiance à un peuple laïque ! Mieux vaudrait qu'ils fussent cardinaux : ils n'auraient pas leur fortune à faire, et rien ne les obligerait plus à signaler leur zèle contre la nation.

Car nous en sommes là, malheureusement. Cette caste ecclésiastique, si bien unie par les liens d'une hiérarchie savante, règne en pays conquis. Elle regarde la classe moyenne, c'est-à-dire la partie intelligente et laborieuse de la nation, comme une ennemie irréconciliable. Les préfets ne sont pas chargés d'administrer les provinces, mais de les contenir. La police n'est pas faite pour protéger les citoyens, mais pour les surveiller. Les tribunaux ont d'autres intérêts à défendre que l'intérêt de la justice. Le corps diplomatique ne représente pas un pays, mais une coterie. Le corps enseignant n'a pas mission d'instruire, mais d'empêcher qu'on ne s'instruise. Les impôts ne sont pas une cotisation nationale, mais une maraude officielle au profit de quelques ecclésiastiques. Passez en revue tous les départements de l'administration publique : vous verrez partout l'élément clérical aux prises avec la nation, et vainqueur sur toute la ligne.

Dans cet état de choses, il est assez inutile de dire au pape : « Nommez les laïques aux emplois importants. » Autant vaudrait dire à l'empereur d'Autriche : « Faites garder vos forteresses par des Piémontais. » L'administration romaine est ce qu'elle doit être ; elle restera la même tant qu'il y aura un pape sur le trône.

D'ailleurs, quoique la population laïque se plaigne encore d'être systématiquement exclue du pouvoir, les choses en sont venues à tel point qu'un honnête homme de la classe moyenne croirait se déshonorer en acceptant un haut emploi. On dirait qu'il déserte la nation pour servir l'ennemi.

XIII

RIGUEURS POLITIQUES

Il est convenu que les papes ont toujours été d'une indulgence et d'une bonté séniles. Je ne m'inscris pas en faux contre les témoignages de M. de Brosses et de M. de Tournon, qui veulent que ce gouvernement soit le plus doux de l'Europe, en même temps que le plus mauvais et le plus absolu.

Cependant Sixte-Quint, grand pape, fut encore un plus grand bourreau. Cet homme de Dieu fit pendre un Pepoli de Bologne qui lui avait donné un coup de pied au lieu d'un morceau de pain, du temps qu'il était moine et mendiant.

Cependant Grégoire XVI, notre contemporain, accorda une dispense d'âge à un mineur pour qu'il pût légalement porter sa tête au bourreau.

Cependant le supplice du chevalet a été remis en vigueur, il y a quatre ans, par le doux cardinal Antonelli.

Cependant l'État pontifical est le seul de l'Europe où l'on ait conservé l'usage barbare de mettre à prix la tête des hommes.

N'importe! Comme après tout l'État pontifical est celui où les crimes les plus impudents, les assassinats les plus publics ont le plus de chance de rester impunis, je conviens avec M. de Brosses et M. de Tournon qu'il est le plus doux de l'Europe.

Ce que je veux étudier avec vous, c'est l'application de cette douceur aux matières politiques.

Il y a neuf ans que Pie IX est rentré dans sa capitale comme un père dans sa maison, après avoir fait enfoncer la porte. Ni le saint-père, ni ses compagnons d'exil n'étaient animés d'une bien vive reconnaissance pour les chefs de la révolution qui les avait chassés. Avant d'être prêtre, on a été homme pendant quelques années, et il en reste toujours quelque chose.

C'est pourquoi, en proclamant l'amnistie qui avait été conseillée par la France et promise par le pape, on a exclu de cette mesure générale 283 individus[1]. Il est à regretter pour ces 283 personnes que l'Évangile soit vieux et le pardon des injures passé de mode.

La clémence du pape a gracié 59 de ces exilés dans un espace de neuf ans. Mais était-ce bien leur faire grâce que de les rappeler provisoirement, les uns pour un an, les autres pour six mois? Un homme placé sous la surveillance de la police est-il gracié pour tout de bon? Un malheureux à qui l'on interdit l'exercice de son ancien métier, en lui laissant la liberté de mourir de faim dans sa patrie, ne doit-il pas souvent regretter l'exil?

[1] *Les Victoires de l'Église*, par le prêtre Margotti, 1857.

On m'a présenté un des 59 privilégiés de la clémence pontificale. C'est un avocat, il l'était du moins jusqu'au jour où il a obtenu sa grâce. Il me conta le rôle assez inoffensif qu'il avait joué en 1848, les espérances qu'il avait fondées sur l'amnistie, le désespoir qui l'avait saisi lorsqu'il se vit exclu; sa vie en exil, les ressources qu'il s'était créées en donnant des leçons d'italien comme l'illustre Manin, et tant d'autres. « J'aurais pu vivre heureux, me dit-il, mais un beau jour le mal du pays m'a serré le cœur, j'ai senti qu'il fallait revoir l'Italie ou mourir. Ma famille a fait des démarches, nous connaissons le protégé d'un cardinal. La police a dicté ses conditions, j'ai tout accepté en fermant les yeux. On m'aurait dit : « Coupez-vous le bras droit et « vous rentrerez; » je me serais coupé le bras droit. Le pape a signé ma grâce et publié mon nom dans les journaux, afin que personne ne fût ignorant de ses bontés. Mais le barreau m'est interdit et je ne peux pas gagner ma vie en enseignant l'italien, dans un pays où tout le monde le sait. »

Comme il achevait ces mots, les cloches du voisinage sonnèrent l'*Ave Maria*. Il pâlit, prit son chapeau et s'échappa de la chambre en disant : « Malheureux ! j'ai oublié l'heure. Si la police arrive avant moi, je suis perdu ! »

Ses amis me donnèrent le secret de sa terreur subite. Le pauvre homme est soumis au *precetto*, c'est-à-dire à un certain règlement imposé par la police.

Il faut qu'il soit rentré tous les soirs au coucher du

soleil, et qu'il reste enfermé jusqu'au jour ; la police peut forcer son domicile à toute heure de la nuit pour constater sa présence. Sous aucun prétexte il ne peut sortir de la ville, même en plein midi ; la moindre infraction au règlement l'expose à la prison ou à un nouvel exil.

L'État pontifical est peuplé de gens soumis au *precetto*. Les uns sont des malfaiteurs qu'on surveille à domicile faute de place dans les prisons : les autres sont des suspects. Le total de ces malheureux n'est point publié dans les statistiques, mais je sais de source officielle que l'on en compte 200 à Viterbe : c'est une ville de 14,000 âmes.

L'insuffisance des prisons explique bien des choses, et notamment la liberté de parole qui règne dans tout le pays. Si le gouvernement se mettait en tête d'arrêter ceux qui le maudissent tout haut, il n'aurait ni assez de gendarmes, ni assez de geôliers, ni surtout un assez grand nombre de ces maisons de paix dont « la protection et la salubrité prolongent la vie de leurs habitants[1]. »

On permet donc aux citoyens de parler à leur aise, pourvu toutefois qu'ils ne gesticulent pas. Mais aucune parole ne se perd, dans un État surveillé par des prêtres. Le gouvernement a la liste exacte de ceux qui lui souhaitent du mal. Il se venge quand il peut, mais il ne court pas après la vengeance. Il guette les occasions ; patient, parce qu'il se croit éternel.

---

[1] *Proemio della statistica pubblicata nel 1857, dall' eminentissimo cardinale Milesi.*

Si le téméraire qui a parlé occupe un modeste emploi, une commission épurative le casse aux gages sans faire de bruit, et le dépose délicatement sur le pavé.

S'il est indépendant par sa fortune, on attend qu'il ait besoin de quelque chose, par exemple d'un passe-port. Un de mes bons amis de Rome sollicite depuis neuf ans la permission de voyager. Il est riche, il est actif; son industrie est une de celles qui profitent le plus à l'État. Un voyage à l'étranger compléterait son instruction et avancerait ses affaires. Depuis neuf ans il demande audience au chef de la section des passe-ports, et personne ne lui a encore répondu.

On a répondu à plusieurs autres, qui demandaient l'autorisation de voyager en Piémont : « Allez-y, mais ne revenez plus. » On ne les a pas exilés : à quoi bon étaler des rigueurs inutiles ? mais, en échange du passe-port qu'on leur délivrait, ils ont dû signer une déclaration d'exil volontaire. Les Grecs disaient : « Ne va pas à Corinthe qui veut. » Les Romains ont modifié le proverbe : « Ne va pas qui veut à Turin. »

Un autre de mes amis, le comte X..., poursuivait un procès depuis plusieurs années devant l'infaillible tribunal de la Sainte-Rote. Son affaire n'était pas mauvaise, car il l'avait perdue et gagnée alternativement sept ou huit fois devant les mêmes juges. Elle est devenue détestable le jour où le comte est devenu mon ami.

Lorsque les mécontents ne s'en tiennent pas aux paroles, et que leur manière de voir se traduit en actions, plaignez-les.

Un accusé politique, traduit devant la Sacrée-Consulte (car tout est saint et sacré même la justice et l'injustice), se laisse défendre par un avocat qu'il n'a pas choisi, contre des témoins dont il ne sait pas le nom.

Il est rare que dans la capitale, sous les yeux de l'armée française, la rigueur des condamnations soit poussée à l'extrême. On se contente de supprimer les gens à la douce, en les enfermant pour leur vie dans une forteresse. Les prisons d'État sont de deux qualités : saines ou malsaines. Dans les établissements de la seconde catégorie, la réclusion perpétuelle ne dure pas longtemps.

La forteresse de Pagliano est une des plus saines. Elle renfermait 250 détenus, tous politiques, lorsque j'y suis allé en promeneur. Les gens du pays me contèrent qu'en 1856, ces malheureux avaient entrepris de s'évader. On en tua cinq ou six à coups de fusil sur les toits, comme des moineaux. Les autres ne seraient passibles que de huit années de galères pour crime d'évasion, si on les jugeait d'après la loi commune. Mais on a exhumé une vieille ordonnance du cardinal Lante, qui permettra, s'il plaît à Dieu, d'en guillotiner quelques-uns.

Mais c'est surtout au delà des Apennins que la douceur du gouvernement se montre implacable. Les Français n'y sont pas; c'est l'armée autrichienne qui fait la police de la réaction pour le compte du pape. Là, sous le régime de la loi martiale, un accusé sans défense est jugé par les officiers et exécuté par les soldats.

La mauvaise humeur de quelques Allemands en uniforme frappe ou tue. Un jeune homme allume un feu de Bengale : vingt ans de galères. Une femme empêche un fumeur d'allumer son cigare : vingt coups de fouet. En sept ans, Ancône a vu 60 exécutions capitales, et Bologne 180. Le sang coule, et le prince s'en lave les mains : ce n'est pas lui qui a signé la condamnation. Les Autrichiens lui apportent de temps en temps un homme fusillé, comme un garde-chasse apporte au propriétaire un renard tué dans ses bois.

Dira-t-on que le gouvernement des prêtres n'est pas responsable des crimes commis pour son service ? Nous avons connu, nous aussi, le fléau de l'occupation étrangère. Des soldats qui ne parlaient pas notre langue ont campé dans nos départements. Le roi qu'on nous avait imposé n'était ni un grand homme, ni un homme énergique, ni même un excellent homme ; et il avait laissé quelque chose de sa dignité dans les fourgons de l'ennemi. Mais il est certain qu'en 1817, Louis XVIII aurait mieux aimé descendre du trône, que de laisser aux Russes et aux Prussiens le droit de fusiller légalement ses sujets.

M. de Rayneval assure que « le saint-père n'a jamais manqué d'adoucir la rigueur des sentences. » Je me demande quel adoucissement il a pu mettre à ces fusillades autrichiennes. A-t-il recommandé que les balles fussent enveloppées de coton ?

XIV

IMPUNITÉ DES VRAIS CRIMES

L'État romain est le plus foncièrement catholique de l'Europe, puisqu'il est gouverné par le vicaire même de Jésus-Christ. C'est aussi le plus fertile en crimes de toute espèce, et surtout en crimes violents. Un contraste si saillant ne saurait passer inaperçu. On le signale tous les jours ; on voudrait même en tirer des conclusions défavorables au catholicisme, et l'on a tort. N'imputons pas à la religion les conséquences nécessaires d'un certain genre de gouvernement.

La papauté a ses racines dans le ciel et non dans le pays. Ce n'est pas le peuple italien qui demande un pape, c'est Dieu qui le choisit, les cardinaux qui le nomment, la diplomatie qui le maintient et l'armée française qui le garde. Le souverain pontife et son état-major constituent un corps étranger, introduit dans l'Italie comme une épine dans le pied d'un bûcheron.

Quel est le mandat du gouvernement pontifical? Dans quel but l'Europe est-elle allée chercher Pie IX à Gaëte pour le rétablir au Vatican ? Était-ce pour donner à trois millions d'hommes un surveillant actif et vigoureux ? Le moindre brigadier de gendarmerie aurait mieux fait l'affaire. Non ; c'était pour que le chef de l'Église pût veiller du haut d'un trône aux intérêts de la religion ; pour que le vicaire de Jésus-Christ fût entouré d'un éclat royal. Les trois millions d'hommes qui habitent ses États sont destinés par l'Europe à défrayer le luxe de sa cour. C'est eux que nous avons donnés au pape ; ce n'est pas à eux que le pape a été donné.

Ceci posé, le premier devoir du pape est de dire la messe à Saint-Pierre de Rome pour 139 millions de catholiques. Le second est de faire figure, de représenter dignement, de porter une couronne et de ne pas la laisser choir. Mais que ses trois millions de sujets se querellent, s'entre-tuent ou se volent réciproquement leurs écus, c'est à ses yeux une chose indifférente ou du moins secondaire, tant qu'on n'attaque ni l'Église ni le gouvernement.

C'est de ce point de vue qu'il faut examiner la distribution des peines dans l'État du pape : on verra que sa justice frappe logiquement à tout coup.

Les crimes les plus impardonnables aux yeux du clergé sont ceux qui offensent Dieu. Rome punit les péchés. Le tribunal du vicariat expédie un blasphémateur aux galères ou jette en prison le nigaud qui refuse de communier à Pâques. Dira-t-on que le chef de l'Église ne fait pas son devoir ?

Le chef de l'État défend sa couronne, je vous ai raconté comment, et je ne crains plus que vous l'accusiez de faiblesse. Si l'Europe osait dire qu'il laisse ébranler le trône où elle l'a remis, nous compterions les exilés politiques, les prisonniers d'État, et une assez belle collection de tombeaux.

Mais les crimes et délits que les indigènes commettent les uns contre les autres ne touchent que bien indirectement le pape et ses cardinaux. Qu'importe aux successeurs des apôtres que les ouvriers et les paysans s'égorgent le dimanche après vêpres? Il en restera toujours assez pour payer l'impôt.

Le peuple de Rome a contracté depuis longtemps de mauvaises habitudes. Il fréquente les cabarets, il se querelle après boire, et les coups de couteau vont trottant, comme en France les coups de poing. Le petit monde des campagnes imite les gens de la ville: il règle à coups de couteau les questions de mur mitoyen, les partages de succession, les affaires de famille. Ils feraient plus sagement d'aller trouver le magistrat; mais la justice est lente, les procès coûtent cher, il faut graisser la patte, la faveur prime de droit, le juge est un imbécile, un intrigant, ou un fripon. Baste! le couteau tranche tout. Jacques tombe, il a tort; Nicolas court, il a raison. Ce petit drame se joue plus de quatre fois par jour dans les États du pape; la statistique de 1857 en fait foi. C'est un grand mal pour le pays, et même un danger sérieux pour l'Europe. L'école du couteau, fondée à Rome, établit des succursales à l'étranger. Nous avons vu les intérêts les plus sacrés de la civilisation placés sous le couteau, et tous les honnêtes gens de l'univers en ont frémi, sans en excepter le pape.

Il aurait peu de chose à faire pour arracher cette arme odieuse des mains de ses sujets. On ne lui demande pas de recommencer l'éducation du peuple, ce qui prendrait du temps, ni même de redresser les allures de la justice civile, pour augmenter le nombre des plaideurs en diminuant le nombre des assassins. On le prie simplement de couper vite et bien quelques mauvaises têtes. Mais ce moyen lui répugne. Les assassins de cabaret ne sont pas ennemis du gouvernement.

Il court après eux pour obéir à l'usage de tous les pays civilisés, mais il a le soin de leur laisser un peu d'avance. S'ils arrivent au bord d'une rivière, on cesse de les poursuivre, de peur qu'ils ne tombent à l'eau et ne meurent sans confession. S'ils accrochent la robe d'un capucin, ils sont sauvés. S'ils entrent dans une église, dans un couvent, dans un hôpital, ils sont sauvés. S'ils mettent le pied sur un domaine ecclésiastique, sur une propriété cléricale (il y en a pour 500 millions dans le pays), la justice s'arrête et le regarde courir. Le pape n'aurait qu'un mot à dire pour réprimer cet abus d'asile qui est une insulte permanente à la civilisation : il le conserve soigneusement, afin de montrer que les priviléges de l'Église sont supérieurs aux intérêts de l'humanité. Il est dans son rôle et dans son droit.

Si, par hasard et sans le faire exprès, la police arrête un meurtrier, elle l'amène devant les tribunaux. On cherche des témoins du crime, et l'on n'en trouve jamais. Un citoyen croirait se déshonorer en livrant son camarade aux ennemis naturels de la nation. Le mort lui-même, s'il pouvait revivre, affirmerait qu'il n'a rien vu. Le gouvernement n'est pas assez fort pour contraindre les témoins à dire ce qu'ils savent, ni pour les rassurer sur les suites de leur déposition. C'est pourquoi le crime le plus évident ne peut être démontré en justice.

Supposez que l'assassin se soit laissé prendre, que les témoins aient ouvert la bouche, que le crime soit prouvé; le tribunal hésite à prononcer la peine de mort.

<small>Qu'importe qu'au hasard un sang vil soit versé!</small>

L'effusion du sang attriste les populations, le gouvernement n'a rien contre le meurtrier : on l'envoie aux galères. Il ne s'y trouve pas mal; la considération publique l'y accompagne; tôt ou tard il recevra sa grâce, car le pape, indifférent à son crime, voit plus de profit à le lâcher qu'à le nourrir.

Mettez les choses au pis. Imaginez un crime si patent, si monstrueux, si révoltant, que les juges les plus désintéressés dans la question auraient dû condamner le coupable à la peine de mort. Vous croyez peut-être qu'on s'empressera de le frapper pour l'exemple? Point. On le jette dans un cachot; on l'y oublie; on espère qu'il y mourra de lui-même. Au mois de juillet 1858, il y avait dans la petite ville de Viterbe vingt-deux condamnés à mort qui chantaient des psaumes dans la prison, en attendant le bourreau.

Le bourreau vient ; il en prend un ; il le tue. Le peuple est ému de compassion ; la foule pleure ; un seul cri s'échappe de toutes les bouches : pauvre garçon ! *poveretto!* C'est que son crime date de dix ans ; personne ne s'en souvient plus ; lui-même l'a expié par la pénitence. Son supplice eût été d'un bon exemple s'il avait eu lieu dix ans plus tôt.

Voilà les rigueurs de la justice pénale. Je ne parle pas de ses bontés, vous ririez trop.

Ah ! si l'on touchait à l'arche sainte, si l'on tuait un prêtre, si l'on menaçait un cardinal, il n'y aurait ni asile, ni galères, ni clémence, ni délai. Il y a trente ans, la justice a découpé en morceaux, sur la place du Peuple, le prétendu meurtrier d'un prêtre. Il y a moins longtemps qu'on a décapité l'homme qui avait montré sa fourchette au cardinal Antonelli.

Il en est du brigandage comme de l'assassinat. Tout me porte à croire que la cour pontificale ne ferait pas une trop rude guerre aux voleurs de grands chemins, s'ils promettaient de respecter son argent et ses dépêches. L'arrestation de quelques voyageurs, l'enlèvement de quelques bagages et même le pillage d'une maison particulière ne sont pas des fléaux religieux ou politiques. On est sûr que les brigands n'escaladeront jamais le ciel, ni même le Vatican.

C'est pourquoi il y a encore de beaux coups à faire, surtout au delà des Apennins, dans ces provinces que l'Autriche a désarmées et qu'elle ne protége pas. Le tribunal de Bologne a décrit fidèlement l'état du pays, dans une sentence du 16 juin 1856 :

« Dans les années passées, des crimes innombrables de toute espèce affligeaient cette province. Des vols, des pillages, des escalades, avaient lieu continuellement à toute heure et partout. Le nombre des malfaiteurs allait en augmentant, ainsi que leur audace, encouragée par l'impunité. »

Rien n'est changé depuis le jour où le tribunal de Bologne parlait si bien. Les récits les plus invraisemblables et les plus vrais se répandent chaque matin dans le pays. L'illustre Passatore qui arrêta toute la ville de Forlimpopoli dans la salle du théâtre, a laissé des successeurs. Les audacieux brigands qui dévalisèrent une diligence dans les rues de Bologne, à quelques pas des casernes autrichiennes, ne sont pas encore enterrés. Dans une promenade de quelques semaines, sur les bords de l'Adriatique, j'ai entendu plus d'un bruit inquiétant. Ici, on parlait d'un propriétaire assiégé dans sa maison par une petite armée : c'était tout près de Rimini. Là, on racontait l'histoire de toute une prison évadée avec ses geôliers, bras dessus bras dessous. Plus loin, la diligence avait eu des malheurs aux portes de la ville. Si un canton vivait en paix, c'est que les habitants s'étaient abonnés et payaient rançon aux brigands. Je rencontrais cinq fois par semaine le courrier pontifical, sous l'escorte d'un omnibus rempli de gendarmes, et ce spectacle me donnait à craindre que le pays ne fût pas sûr.

Mais, si le gouvernement est trop faible ou trop indifférent pour entreprendre une expédition contre le brigandage et purger définitivement le pays, il venge quelquefois son autorité méconnue et son argent volé. Les juges d'instruction n'y vont pas de main morte, lorsque par hasard on les met en campagne. Non-seulement ils pressent les accusés d'avouer leurs crimes, mais ils les pressent quelquefois dans un étau. Le tribunal de Bologne a confessé la chose avec un sentiment de regret, le 16 juin 1856.

Il a parlé de moyens violents et féroces, *violenti e feroci*.

Mais le vol simple, le vol innocent, le vol de tabatières et de foulards, le vol qui cherche une modeste aumône dans la poche du prochain, est toléré aussi paternellement que la mendicité. Les statistiques officielles publient, en le réduisant un peu, le nombre des mendiants de Rome. Je regrette qu'elles n'aient pas fait le dénombrement des filous; ils fourmillent. Le gouvernement les connaît tous par leur nom; il les laisse faire. Les étrangers sont assez riches pour payer un impôt à l'industrie nationale. D'ailleurs les filous ne voleront jamais le mouchoir du pape.

Un Français arrête un élégant qui lui prenait sa montre. Il le mène au poste le plus voisin et le livre au sergent. « Je vous crois, répond le sous-officier. Cet homme est un *Lombard;* il faut que vous soyez bien nouveau dans le pays pour ne le point connaître; mais, si tous ses pareils étaient arrêtés, nos prisons ne seraient jamais assez grandes. Sauve-toi, camarade, et prends mieux tes précautions ! »

Un autre est dévalisé au milieu du Cours, en plein minuit, comme il venait du théâtre. Il va porter sa plainte, et le magistrat lui dit sévèrement : « Monsieur, vous étiez dehors à une heure où les honnêtes gens sont tous couchés. »

Un autre est arrêté par les voleurs sur la route de Rome à Civita-Vecchia. Il donne son argent, arrive à Palo, et conte son affaire à l'employé politique. Ce galant homme, qui épluche le passe-port des étrangers jusqu'à ce qu'on lui donne vingt sous, répond au plaignant : « Que voulez-vous? La misère est grande. »

Mais la veille des grandes fêtes, comme il ne faut pas qu'une cérémonie religieuse soit troublée par les malfaiteurs, toute la bohême de Rome est tenue de se rendre en prison. Elle y va d'elle-même, car elle traite à l'amiable avec un gouvernement paternel. Si quelque voleur de profession manquait au rendez-vous, on irait le prendre à domicile vers le milieu de la nuit. Malgré des mesures si sages, il s'égare plus d'une montre pendant la semaine sainte. Mais ne vous plaignez point à la police; elle répondrait sans sourciller : Nous avons pris nos précautions en arrêtant tous les voleurs connus; s'il y en a de nouveaux, tant pis !

Voici un fait qui s'est passé pendant mon séjour à Rome. Il vous montrera la douce fraternité qui unit les magistrats aux voleurs.

M. Berti, ancien secrétaire de Mgr Vardi, avait une

tabatière d'or à laquelle il attachait un grand prix, car il la tenait de son maître. Un jour qu'il traversait le forum, il prend une prise devant le temple d'Antonin et de Faustine et remet sa tabatière en poche, mais trop tard : il avait été vu. L'instant d'après, il est culbuté par des joueurs de disque, il se relève, tâte son gousset ; la tabatière n'y était plus.

Il va conter l'affaire à un juge de ses amis : « Cela n'est rien, répond le magistrat. Retournez demain au forum, cherchez Antonio, tout le monde vous l'indiquera : présentez-vous de ma part, et demandez-lui des nouvelles de l'objet que vous avez perdu. »

M. Berti va au forum, demande Antonio ; le personnage accourt. Antonio sourit au nom du juge et proteste qu'il n'a rien à lui refuser. Séance tenante, il crie à toute voix : « Eh ! Giacomo ! » Un autre bandit sort des ruines et accourt à la voix de son chef.

« Qui est-ce qui était de service hier ?

— Pepe.

— Est-il ici ?

— Non, il a fait une bonne journée, il la boit.

— Monsieur, reprend Antonio, je ne puis rien pour vous aujourd'hui. Mais revenez demain à la même heure. J'ai tout lieu d'espérer que vous serez satisfait. »

Le lendemain, à l'heure dite, Antonio revoit M. Berti, lui demande une description exacte de sa tabatière, de peur d'être dupe d'un fripon, et lui dit finalement : « Voici votre bien. Donnez-moi deux écus. Je vous en démanderais quatre si vous ne m'étiez adressé par un magistrat que j'estime. »

Tous les magistrats ne sont pas également estimables, témoin l'histoire du marquis de Sesmaisons. On lui avait pris six couverts d'argent, il eut l'imprudence de porter plainte. La justice lui demanda la description exacte des objets volés. Il fit mieux, et confia au juge d'instruction le restant de la douzaine. C'est douze couverts d'argent qu'il a perdus, si la chronique dit vrai.

Les malversations des fonctionnaires publics sont tolérées tant qu'elles ne nuisent pas directement au pouvoir. Les employés de tout rang tendent la main et demandent pour boire : le gouvernement s'en réjouit plutôt qu'il ne s'en afflige; il réduit cela sur les appointements.

Il pardonne jusqu'aux dilapidations du bien public, si le coupable est ecclésiastique ou bien pensant. Les fautes des amis se jugent en famille. Un prélat fait-il mal? on le gronde, on le déplace, on lui ôte son emploi et on lui en donne souvent un meilleur. Monsignor N... ruine les finances de la sainte maison de Lorette : on l'envoie à Rome et on lui confie la direction de l'hospice du Saint-Esprit, sans doute parce que cet établissement est plus riche et plus difficile à ruiner. Monsignor A.... était auditeur de Rote et jugeait mal; on le nomme préfet à Bologne. A Bologne, il gouverne de travers, le ministre n'est pas content de lui. Pour remédier à cet inconvénient, on le nomme ministre. Il l'est encore.

CHAPITRE XIV.

Si quelquefois on punit les coupables d'un certain rang, si même on exagère contre eux la rigueur des lois, soyez sûr que le bien public n'y est pour rien ; cherchez ailleurs les causes de sa condamnation. Témoin le procès Campana, qui a fait tant de bruit en 1858.

Ce pauvre marquis était, après son père et son grand-père, directeur du mont-de-piété. Son emploi le plaçait immédiatement sous la main du ministre des finances. C'était au ministre à surveiller ses actions et à l'empêcher de mal faire.

Il devient fou. La fureur de collectionner, qui a perdu tant d'honnêtes gens, le pousse à la ruine. Il achète des tableaux, des marbres, des bronzes, des vases étrusques. Il entasse galeries sur galeries, achetant tout ce qu'on lui présente, à tort et à travers. Jamais Rome n'avait vu un acheteur si terrible ; il achetait comme on boit, comme on prise, comme on fume de l'opium. A force d'acheter et de collectionner, il épuise sa collection d'écus et songe à négocier un emprunt. La caisse du mont-de-piété était là ; il s'emprunte à lui-même, et met ses collections en gage. Que dit le ministre ? M. Galli, ministre des finances, dit oui. Campana était bien en cour, estimé du pape, aimé des cardinaux ; ses principes étaient connus, il avait prouvé son dévouement au pouvoir ; le gouvernement ne refuse rien à ses amis. On permet au marquis de s'emprunter 100,000 francs à lui-même ; il fournit un nantissement qui valait bien davantage.

Mais l'arrêté ministériel qui lui permettait de puiser dans la caisse était si mal rédigé que Campana put prendre, sans nouvelle autorisation, une bagatelle de 2,647,730 francs. Le tout entre le 12 avril 1854 et le 1ᵉʳ décembre 1856. En dix-neuf mois et demi !

Personne ne l'ignorait; l'emprunt n'était pas régulier, mais il n'était pas clandestin. Campana se payait à lui-même les intérêts de l'argent qu'il s'était prêté.

On le gronda paternellement en 1856. On lui donna sur les doigts, mais on n'eut pas l'idée de lui lier les mains ! Il était bien en cour.

Le malheureux emprunta de plus belle : on ne s'était pas même avisé de lui fermer sa caisse. Il y reprit 2,587,200 francs depuis le 1ᵉʳ décembre 1856 jusqu'au 7 novembre 1857. Mais il donnait de belles fêtes; les cardinaux l'adoraient; les témoignages de satisfaction pleuvaient sur lui. En effet, l'Église n'a pas besoin du mont-de-piété; il ne sert à personne qu'à la nation. Campana aurait pu emprunter les murailles de l'établissement sans que la cour pontificale y vît à redire.

Malheureusement le cardinal Antonelli trouva son compte à l'envoyer aux galères. Ce grand homme d'État y voyait un triple profit. *Primo,* fermer la bouche à la diplomatie et à la presse étrangères qui accusaient le pape de tolérer un abus. Deuxièmement, humilier un de ces laïques qui se permettent de devenir quelque chose, sans porter des bas violets. Enfin, donner le mont-de-piété à Philippe Antonelli.

Il prépara son coup de longue main et dressa ses batteries dans l'ombre et le silence. Ce n'est pas lui qui fait rien à la légère. Campana vivait en joie, allait, venait, donnait à dîner et achetait des statues suivant son ordinaire, tandis que le cardinal négociait un emprunt chez M. de Rothschild, se mettait en mesure de couvrir le déficit, et dictait au procureur fiscal une accusation de péculat.

La justice ou du moins la disgrâce tomba comme la foudre sur le pauvre marquis. De son palais à sa prison, il n'y eut qu'une enjambée. Il se frottait les yeux et se demandait en bonne foi si ce déplacement n'était pas un rêve. On l'aurait fait rire en lui disant qu'il courait quelque danger. « Crime de péculat! » Le péculat est le crime d'un fonctionnaire qui détourne clandestinement les deniers publics pour son profit particulier. Or, il n'avait rien pris clandestinement, et il s'était ruiné de fond en comble. Donc il écrivait des sonnets dans sa prison, et quand un artiste venait le voir, il lui commandait quelque chose.

Un jeune avocat le défendit avec éloquence, et le tribunal le condamna à vingt ans de travaux forcés. A ce compte, on aurait dû couper la tête aux ministres qui l'avaient laissé faire. Mais les agneaux du clergé ne se mangent pas entre eux.

L'avocat du marquis fut condamné pour l'avoir trop bien défendu. On lui interdit le barreau pour trois mois.

Vous pourriez supposer que Campana fut flétri par

un jugement si cruel : détrompez-vous. Le peuple, qui avait éprouvé souvent sa libéralité, le regarde comme un martyr. La bourgeoisie le méprise beaucoup moins que tel ou tel fonctionnaire impuni. Ses amis de la noblesse et du sacré-collége lui serreraient la main à l'occasion. J'ai vu le temps où le cardinal Tosti, son geôlier et son ami, lui prêtait sa propre cuisine. Les condamnations ne déshonorent que dans un pays où les juges sont honorés, et chacun sait que les magistrats pontificaux ne sont pas les instruments de la justice, mais les outils du pouvoir.

XV

TOLÉRANCE

Si les crimes contre Dieu sont ceux que l'Église pardonne le moins, tout homme qui n'est pas catholique, même de nom, doit être aux yeux du pape un coquin et demi.

Ces criminels sont nombreux : le géographe Balbi en compte environ 600 millions sur toute la surface du globe. Le pape continue à les damner tous, conformément à la tradition de l'Église, mais il ne lève plus d'armées pour leur faire la guerre ici-bas.

Il y a mieux, on voit tous les jours le chef de l'Église traiter amicalement les ennemis de sa religion. Il accepte les libéralités d'un prince musulman; il accueille en bon père une impératrice schismatique; il s'entretient familièrement avec une reine qui a renié le catholicisme pour épouser un protestant; il traite avec distinction les grands seigneurs de la Jérusalem nouvelle; il envoie son majordome au-devant d'un jeune prince hérétique, voyageant incognito. Je ne sais pas si Grégoire VII approuverait cette tolérance; je ne sais pas non plus comment elle est jugée dans le ciel par les instigateurs des croisades ou par les conseillers de la Saint-Barthélemy : quant à moi, je la loue et je l'admire sans restriction, si elle a son principe dans le progrès des lumières et l'adoucissement des mœurs. Je ne l'estimerais pas autant s'il fallait l'attribuer aux calculs de la politique et aux spéculations de l'intérêt.

Mais comment pénétrer la pensée secrète du souverain pontife? Par quels chemins arriverons-nous assez avant dans son cœur pour dégager le vrai mobile de sa tolérance? La douceur intéressée et la douceur naturelle se ressemblent par les effets et ne diffèrent que par les causes. Lorsque les papes et les cardinaux prodiguent à M. de Rothschild les assurances de leur plus haute considération, faut-il conclure de là qu'à leurs yeux comme aux nôtres un israélite vaut bien un catholique? Ou croirons-nous qu'ils déguisent leurs sentiments parce que M. de Rothschild a des millions ?

Ce problème délicat n'est pas difficile à résoudre. Cherchons à Rome un juif qui n'ait pas de millions, et demandons-lui comment les papes le traitent et le considèrent. Si le gouvernement ne fait point de différence entre ce citoyen et un catholique, je dirai que les papes sont devenus tolérants. Si le juif pauvre est encore placé par l'administration entre le chien et l'homme, les politesses qu'on fait à M. de Rothschild ne seront plus qu'un calcul d'intérêt et un sacrifice de dignité.

Maintenant, écoutez et jugez. Il y a eu des juifs en

Italie avant qu'il y eût des chrétiens au monde. Le polythéisme romain qui tolérait tout, excepté les coups de pied de Polyeucte dans la statue de Jupiter, fit une place au Dieu d'Israël. Les chrétiens vinrent ensuite et furent tolérés jusqu'au jour où ils conspirèrent contre les lois. On les confondait souvent avec les juifs, parce qu'ils venaient du même coin de l'Orient. Le christianisme grandit par de saintes conspirations, enrôla les esclaves, brava les maîtres et devint maître à son tour. Je ne lui reproche pas d'avoir égorgé les païens ; il usait de représailles. Mais en bonne justice il a tué trop de juifs.

Non pas à Rome : les papes conservaient un échantillon de la race maudite pour l'amener devant Dieu au jugement dernier. L'Écriture avait promis aux juifs qu'ils vivraient misérables jusqu'à la consommation des siècles : l'Église se chargea de les conserver vivants et misérables. Elle leur fit des enclos, comme nous en avons au Jardin-des-Plantes pour les animaux curieux. On les parqua d'abord à la vallée Égérie, puis au Transtévère et finalement au Ghetto. On les laissait circuler dans la ville pour montrer aux chrétiens combien l'homme est sale et dégradé lorsqu'il n'est pas chrétien ; mais la nuit venue, on les mettait sous clef. Leur enclos se fermait à l'heure où les fidèles vont se damner au théâtre.

Dans certaines solennités, le conseil municipal de Rome offrait au peuple une course de juifs : on les remplaça par des chevaux quand la philosophie moderne eut adouci les mœurs catholiques. Tous les ans, le Sénateur de la ville leur donnait officiellement un coup de pied au-derrière : c'était un grand honneur pour eux ; ils le payaient 4,000 francs. A chaque avénement, ils devaient se ranger sous l'arc de Titus pour offrir une Bible au pape, qui leur répondait par une grossièreté. Ils payaient 450 écus de rente perpétuelle aux héritiers d'un renégat qui les avait injuriés. Ils payaient aussi le traitement d'un prédicateur chargé de les convertir tous les samedis, et lorsqu'ils n'allaient pas l'écouter, ils payaient l'amende. Mais ils ne payaient pas de contributions proprement dites, puisqu'ils n'étaient pas citoyens du pays. La loi les considérait comme des voyageurs à l'auberge. Leur permis de séjour était provisoire, et depuis plusieurs siècles il fallait le renouveler tous les ans. Non-seulement ils étaient privés de tous droits politiques, mais les plus élémentaires des droits civils leur étaient interdits. Ils ne pouvaient ni posséder, ni fabriquer, ni cultiver : ils vivaient de ravaudage et de brocantage. Ce qui m'étonne un peu, c'est qu'ils n'en soient pas morts. La misère, la malpropreté, l'infection de leurs tanières avaient appauvri leur sang, pâli leur visage et dégradé leur physionomie. Quelques-uns d'entre eux ne présentaient plus figure humaine. On aurait pu les prendre pour des animaux, si l'on n'avait pas su qu'ils étaient intelligents, propres aux affaires, résignés, faciles à vivre, excellents dans le cœur, dévoués à leurs familles et irréprochables dans leur conduite.

Je n'ai pas besoin d'ajouter que la canaille romaine, élève des moines catholiques, les méprisait, les bafouait et les dépouillait. La loi défendait aux chrétiens de lier conversation avec eux, mais c'était pain bénit de leur voler quelque chose.

Il n'était pas permis de les égorger, mais les tribunaux faisaient une différence entre l'assassin qui tue un homme et celui qui abat un juif. Lisez plutôt cette plaidoirie :

« Messieurs, d'où vient que la loi punit sévèrement les meurtriers, et va quelquefois jusqu'à les frapper de mort ? C'est qu'en assassinant un chrétien, on tue à la fois un corps et une âme. On envoie devant le souverain juge un être mal préparé, qui ne s'est point accusé de ses fautes, qui n'a point reçu l'absolution et qui tombe droit en enfer, ou du moins en purgatoire. Voilà pourquoi le meurtre, j'entends le meurtre d'un chrétien, ne saurait être trop puni. Mais nous, qu'avons-nous tué ? Rien, messieurs, qu'un misérable juif, damné à l'avance. Lui eût-on laissé cent ans pour se convertir, vous connaissez l'obstination de sa race, il aurait crevé sans confession comme une brute. Nous avons, j'en conviens, avancé de quelques années l'échéance de la justice céleste ; nous avons hâté pour lui une éternité de peines qui ne pouvait lui manquer tôt ou tard. Mais soyez indulgents pour une erreur vénielle, et réservez votre sévérité pour ceux qui attentent à la vie et au salut d'un chrétien. »

Ce discours serait absurde à Paris, il était logique à

Rome. Le coupable en fut quitte pour quelques mois de prison.

Vous me demanderez pourquoi les juifs ne fuyaient pas à cent lieues de cette vallée de boue ? Hélas ! c'est qu'ils y étaient nés. La modicité des impôts et des loyers les retenait aussi. Ajoutez la charité dédaigneuse des papes, qui leur jetait quelques os à ronger en temps de famine ou d'inondation. D'ailleurs les voyages coûtent cher, et il n'y a point de passe-ports pour tout le monde.

Mais si, par quelque miracle d'industrie, un de ces malheureux amassait un peu d'argent, son premier soin était de dérober sa famille et lui-même à l'avanie du Ghetto. Il réalisait sa petite fortune et courait chercher, en pays moins catholique, la liberté et la considération. C'est pourquoi le Ghetto se trouva aussi pauvre à l'avénement de Pie IX qu'aux plus mauvais jours du moyen âge.

L'histoire s'est hâtée d'écrire en lettres d'or tous les bienfaits du pape régnant, et surtout l'affranchissement des juifs.

Pie IX a démoli les portes du Ghetto. Il a permis aux juifs de circuler nuit et jour dans la ville, et d'habiter partout. Il les a dispensés du coup de pied municipal, et des 4,000 francs qu'il coûtait. Il a fermé la petite église où ces pauvres gens étaient catéchisés malgré eux et à leurs frais, tous les samedis. Il semble donc que son avénement ait été pour les juifs une ère de délivrance.

L'Europe, qui voit les choses de loin, doit supposer que, sous un règne si tolérant, tous les Israélites sont venus se fixer dans les États de l'Église, pour jouir des bontés de Pie IX. Mais voyez comme la statistique est une science paradoxale! Elle nous apprend qu'en 1842, sous Grégoire XVI, en pleine captivité de Babylone, il y avait 12,700 juifs dans le petit royaume pontifical. Et en 1853, après tant de bienfaits et tant de réformes, malgré tant de justice et tant de tolérance, la population israélite s'est trouvée réduite à 9,237 âmes; 3,463 juifs, formant plus d'un quart de la population, s'étaient dérobés à l'action paternelle du saint-père! Il faut que cette race soit bien ingrate, ou que nous ne sachions pas tout.

J'ai cherché à tout savoir, du temps que j'étais à Rome. J'ai fait questionner secrètement deux notables du Ghetto. Lorsqu'ils ont su à quelle intention je me mêlais de leurs affaires, les pauvres gens ont poussé de grands cris. « Au nom du ciel, m'ont-ils fait répondre, ne nous plaignez pas! Gardez-vous d'imprimer que nous sommes malheureux; que le pape regrette activement ses bienfaits de 1847; que le Ghetto est fermé par des portes invisibles, mais infranchissables; et que notre condition est pire que jamais! Tout ce que vous diriez en notre faveur retomberait sur notre tête, et le bien que vous nous voulez nous ferait trop de mal! »

Voilà tous les renseignements que j'ai pu obtenir de ces persécutés. C'est peu; c'est pourtant quelque chose. J'ai vu que leur Ghetto, où quelque puissance occulte les tient enfermés comme autrefois, était le quartier le plus horrible et le plus négligé de la ville, et j'en ai conclu que la municipalité ne faisait rien pour eux. J'ai su que ni le pape, ni les cardinaux, ni les évêques, ni les moindres prélats ne pouvaient mettre le pied sur ce terrain maudit sans contracter une souillure morale ; l'usage de Rome le défend. Et j'ai songé à ces parias de l'Inde qu'un brahme ne pourrait toucher du doigt sans perdre sa caste. J'ai appris que les emplois les plus modestes dans la plus modeste administration étaient inaccessibles aux juifs, ni plus ni moins qu'aux animaux. Un enfant d'Israël, sollicitant un emploi d'expéditionnaire, serait plus ridicule là-bas que la girafe du Jardin-des-Plantes demandant une sous-préfecture. Je me suis assuré qu'aucun d'eux n'était propriétaire et ne pouvait le devenir, et j'ai reconnu à cette marque que Pie IX ne les regardait pas encore tout à fait comme des hommes. Si quelqu'un d'entre eux cultive le champ d'autrui, c'est par contrebande, et caché derrière un prête-nom : comme si la sueur d'un juif devait déshonorer la terre ! Les travaux de fabrique leur sont interdits comme autrefois : ils pourraient faire tort à l'industrie nationale, eux qui ne sont pas de la nation. Enfin, je les ai vus eux-mêmes, sur le seuil de leurs misérables boutiques, et je vous jure qu'ils ne ressemblent pas à un peuple réhabilité. Le sceau de la réprobation pontificale n'est pas effacé de leurs fronts. S'ils étaient affranchis depuis douze ans, comme le prétend l'histoire, leur figure en montrerait quelque chose.

Je veux bien que Pie IX ait eu un mouvement généreux au début de son règne, mais nous sommes dans un pays où le bien coûte des efforts énormes, tandis que le mal se fait tout seul. Figurez-vous un chariot montant une côte escarpée : il faut quatre bœufs pour le tirer en avant, et il recule de lui-même.

Si je vous racontais tout ce que M. de Rothschild a fait pour ses coreligionnaires de Rome, vous en seriez émerveillés. Non-seulement il les nourrit de son argent, mais il ne conclut pas une affaire avec le pape sans introduire un ou deux articles secrets en leur faveur. Et le chariot recule toujours.

L'occupation française devrait être un bienfait pour les juifs. Ce n'est pas le bon vouloir qui manque à nos officiers ; mais la mauvaise volonté des prêtres est plus forte que tout. Permettez-moi de vous conter une anecdote toute fraîche où vous verrez le combat de ces deux influences.

Un Israélite de Rome s'était fait cultivateur en dépit de la loi : un chrétien l'abritait de son nom pour sauver les apparences ; mais tous les voisins savaient que la récolte était le bien d'un juif : c'était à qui la volerait sur pied. Imaginez une ivresse de pillage, un délire de maraude. Le pauvre fermier, qui se voyait ruiné avant l'août, demanda très-humblement qu'on lui permît d'assermenter un garde pour la défense de son bien. L'autorité lui répondit que sous aucun prétexte on ne ferait jurer un chrétien pour le service d'un juif. Ainsi éconduit, il conta sa peine à quelques officiers français, implorant l'assistance du général en chef. M. de Goyon, homme de cœur s'il en fut, se chargea de l'affaire et la porta lui-même au cardinal : « Monsieur le comte, lui répondit-on, vous demandez une chose impossible ; mais comme le gouvernement du saint-père n'a rien à vous refuser, nous la ferons. Non-seulement votre juif aura un garde assermenté, mais nous le lui choisirons de notre main pour l'amour de vous. »

Le général, enchanté d'avoir fait une bonne action, remercie chaudement et s'en va. Trois mois se passent et le garde ne paraît point. Le juif, toujours pillé, réclame timidement. M. de Goyon, toujours généreux, se remet en campagne. Il presse, il insiste, il veut rapporter la permission lui-même ; bref, il l'enlève d'assaut. Qui fut heureux ? Le juif. Il versa des larmes de reconnaissance et revint montrer à sa famille le nom trois fois béni du garde qu'on lui octroyait.

C'était le nom d'un homme disparu depuis six ans, et qui n'avait jamais donné de ses nouvelles !

Et quand nos officiers rencontraient le pauvre juif, ils lui disaient : « Eh bien ! vous êtes content ? » Le malheureux n'osait pas répondre non : la police lui avait défendu de se plaindre !

Les juifs les plus malheureux sont les juifs de Rome. Le voisinage du Vatican leur est funeste comme aux chrétiens. Au delà des Apennins, loin du gouvernement, vous les verrez moins pauvres, moins opprimés et moins flétris. La population israélite d'Ancône est vraiment belle.

Ce n'est pas à dire que les agents du pape se convertissent à la tolérance en traversant les Apennins. Il y a deux ans, le préfet d'Ancône a rajeuni la vieille loi qui défend aux chrétiens de converser publiquement avec les juifs.

Il n'y a pas un an que l'archevêque de Bologne a confisqué le petit Mortara au profit du couvent des Néophytes.

Il n'y a pas dix ans que M. Padova fut privé de sa femme et de ses enfants par un événement aussi extraordinaire, quoiqu'il ait fait moins de bruit.

M. Padova, négociant aisé, habitait à Cento, dans la province de Ferrare. Il avait une jolie femme, deux beaux enfants, et un commis catholique qui séduisit madame Padova. Le mari se douta de quelque chose et chassa l'employé infidèle. L'employé partit pour Bologne et sa maîtresse l'y rejoignit bientôt avec les enfants.

Le juif, donnant sa femme au commis et le commis à tous les diables, s'adressa à la justice pour qu'on lui rendît au moins ses enfants. La justice lui répondit que ses enfants, comme sa femme, avaient embrassé le christianisme et n'étaient plus de sa famille. Cependant il fut condamné à leur payer une pension sur laquelle ils vivent tous, sans en excepter le commis.

Quelques mois plus tard, le cardinal Oppizoni, archevêque de Bologne, célébra lui-même le mariage de madame Padova et de son amant.

Padova était donc mort? Point du tout. Il se porte encore à merveille. Mais une femme mariée à un juif et à un chrétien ne saurait être accusée de bigamie dans un royaume où les juifs ne sont pas des hommes.

XVI

ÉDUCATION DU PEUPLE

Chacun sait, dit et répète que l'instruction est moins avancée dans l'État du pape qu'en aucun pays de l'Europe. On regrette que la nation la plus intelligente par la grâce de Dieu, soit la plus illettrée par la volonté des prêtres. On la compare à un cheval de noble race réduit à tourner dans un manége, et à moudre le grain avec un bandeau sur les yeux.

Mais les politiques qui règnent à Rome se persuadent que le développement de l'ignorance publique est conforme au principe de l'Église et favorable au maintien de l'État.

Selon eux, ce n'est pas la science, mais la crédulité qui fonde les religions. Un enfant qui sait le catéchisme par cœur est plus agréable à leurs yeux que les cinq classes de l'Institut. « L'étude, disent-ils, est pleine de dangers. Non-seulement elle gonfle le cœur de l'homme, mais souvent elle détruit par le raisonnement les traditions les mieux établies. C'est elle qui a fait tant de tort à l'Église depuis deux ou trois cents ans. Qui pourrait dire combien la découverte de l'imprimerie a jeté d'âmes en enfer ?

« Appliquée aux industries de ce bas monde, la science engendre la richesse, le luxe, le plaisir, la santé, et mille autres fléaux qui nous écartent du salut. Elle guérit jusqu'aux maladies irréligieuses et ne permet plus au pécheur de faire son purgatoire ici-bas. Elle finira par transformer la terre en un lieu de délices et vous faire oublier le ciel. L'Église, chargée de vous conduire à une félicité éternelle qui est le seul but de la vie humaine, doit vous écarter de la science. Tout au plus pourra-t-elle en permettre l'accès à quelques hommes sûrs, afin que les ennemis de la foi trouvent à qui parler.

« C'est pourquoi, disent-ils, nous avons dans Rome une douzaine de savants illustres, et cent mille ignorants qui ne savent ni A ni B.

« L'Église n'en est que plus florissante, et l'État aussi s'en porte mieux. Les sujets sont difficiles à gouverner, lorsqu'ils savent trop de choses. Dès qu'un homme lit couramment, il est tenté par cela seul de se mêler de tout. La douane pourra bien le préserver des mauvaises lectures, mais il se rattrapera sur les lois du royaume. Il verra si elles sont bonnes ou mauvaises, si elles s'accordent ou se contredisent, si on les observe ou si on les viole. Dès qu'il saura compter sans le secours de ses doigts, vous pouvez être sûr qu'il vérifiera les additions du budget. Si, pour comble, il sait écrire, le moindre carré de papier lui donnera

certaines démangeaisons politiques. Il sentira comme
un besoin de griffonner des noms propres sur des
bulletins, et de voter pour ou contre quelqu'un. Et
que deviendrons-nous, bonté divine! si le mouton
récalcitrant s'élève jusqu'aux généralités de l'histoire
et aux spéculations de la philosophie; s'il brasse des
idées générales, démêle des vérités, réfute des so-
phismes, constate des abus, réclame des droits?
Tout n'est pas roses dans la profession de berger, le
jour où l'on reconnaît la nécessité de museler le trou-
peau. »

Les souverains qui ne sont pas des papes n'ont rien à
redouter du progrès des lumières, car leur intérêt n'est
pas de fabriquer des saints, mais de façonner des hommes. En France, en Angleterre, en Piémont, le gouvernement pousse les peuples à s'instruire et les y force
même un peu. C'est qu'un pouvoir fondé sur la logique
ne craint pas d'être discuté. C'est que les actes d'une
administration vraiment nationale n'ont pas à redouter
l'examen de la nation. C'est qu'il est non-seulement
plus honorable, mais aussi plus facile de gouverner des
êtres pensants que des abrutis, pourvu toutefois qu'on
ait raison. C'est que l'instruction adoucit les mœurs,
déracine les mauvais instincts, réduit la moyenne des
crimes et simplifie la besogne du gendarme. C'est que
la science appliquée à l'industrie centuple en quelques
années la prospérité de la nation, la richesse de l'État
et les ressources du pouvoir. C'est que les découvertes
de la science pure, les beaux livres et tous les grands

ouvrages de l'esprit, lors même qu'on n'en tire aucun profit matériel, sont l'honneur d'un pays, la splendeur d'un siècle et la gloire d'un souverain. Tous les princes de l'Europe, le pape excepté, bornent leurs vues aux choses de la terre, et font sagement. Sans mettre en doute l'existence d'un autre monde, ils gouvernent leurs sujets comme s'il n'y avait rien à espérer après la vie. Ils s'efforcent de leurs procurer tout le bien-être qu'on peut goûter ici-bas; ils travaillent à rendre l'homme aussi complet qu'il peut l'être dans l'enveloppe grossière du corps. Nous les traiterions de mauvais plaisants s'il nous faisaient le sort de Job sur son fumier en nous montrant du doigt les béatitudes éternelles.

Mais songez que nos empereurs et nos rois sont des souverains laïques, mariés, pères de famille, personnellement intéressés à l'éducation des enfants et à l'avenir des nations. Un bon pape, au contraire, n'a d'autre intérêt que de gagner le ciel et d'y traîner 139 millions d'hommes après lui. Ses sujets ont donc mauvaise grâce à lui demander si obstinément les avantages temporels que nos princes nous offrent d'eux-mêmes. J'avoue que les écoles à l'usage du peuple sont clairsemées dans le royaume du saint-père ; que l'État fait peu de chose pour les multiplier ou pour les soutenir; que tout est à la charge des communes, et que souvent même le ministre retranche ce chapitre du budget municipal pour mettre les fonds dans sa poche. Je confesse que l'enseignement secondaire n'existe que

de nom en dehors des séminaires, et qu'un chef de
famille doit envoyer ses fils en Piémont, s'il veut leur
apprendre mieux que le catéchisme. Mais les séminaires sont nombreux, bien dotés, bien rentés et pourvus de tout ce qu'il faut pour former des prêtres médiocres. Les couvents s'adonnent à l'éducation de
petits moines; on leur apprend dès l'âge le plus tendre
à porter le froc, à tenir un cierge, à baisser les yeux,
à chanter en latin. Il faut voir la procession de la Fête-
Dieu pour admirer la prévoyance de l'Église ! Tous les
couvents défilent l'un après l'autre, et chacun d'eux
pousse une pépinière vivante de petits garçons bien
tondus. Leurs yeux pétillants d'intelligence, leurs jolies figures ouvertes, font un contraste curieux avec le
masque immobile et grimaçant de leurs supérieurs. On
embrasse d'un seul coup d'œil les fleurs et les fruits de
la vie monastique, le présent et l'avenir. On se dit qu'à
moins d'un miracle ces petits chérubins seront bientôt
changés en momies, mais on se console de la métamorphose en songeant que leur salut est assuré.

Tous les sujets du pape seraient bien sûrs d'aller au
ciel s'ils pouvaient tous entrer au couvent, mais le
monde finirait trop tôt. Le pape fait ce qu'il peut
pour les rapprocher de la perfection monastique et ecclésiastique. On déguise les écoliers en prêtres; on
affuble les morts d'un habit religieux. Les frères de
la doctrine chrétienne ont paru dangereux, parce
qu'ils donnaient à leurs bambins le képi, la tunique
et le ceinturon; le pape leur a défendu de tenir école

pour les Romains. Les habitants de Bologne (au delà des Apennins) ont fondé à leurs frais des salles d'asile sous la direction d'institutrices laïques. Le clergé a fait des efforts admirables pour réformer un tel abus.

Il n'y a pas une loi, pas un règlement, pas un acte, pas une parole venue d'en haut qui ne tende à l'édification du peuple et qui ne le pousse vers le ciel.

Entrez dans une église : on prêche. Un moine placé à vingt pas de la chaire, sur un tréteau improvisé, gesticule à tour de bras. Ne craignez point qu'il traite un sujet de morale temporelle, comme nos prédicateurs mondains. Il disserte dogmatiquement et furieusement sur l'immaculée Conception, sur le jeûne du carême, sur le maigre du vendredi, sur la Trinité, sur la nature spéciale du feu de l'enfer : « Songez, mes frères, que, si le feu terrestre, ce feu créé par Dieu pour vos besoins, à votre usage, vous cause de si cruelles douleurs à la moindre brûlure, la flamme de l'enfer, inventée tout exprès pour punir les pécheurs, doit être plus cuisante, plus âpre, plus furieuse. Cette flamme qui dévore sans consumer, etc. » Je vous fais grâce du reste. Nos orateurs sacrés se réduisent, ou peu s'en faut, à prêcher la fidélité aux femmes, la probité aux hommes, la docilité aux enfants. Ils se mettent à la portée d'un auditoire laïque et sèment, suivant leur talent, un peu de vertu sur la terre. L'éloquence romaine se soucie bien de la vertu ! Elle s'inquiète bien de la terre ! Elle prend le peuple par les épaules et le jette violemment dans les sentiers de la dévotion, qui vont droit au ciel. Elle fait son devoir.

Ouvrez un livre de dévotion : il s'en imprime dans le pays. Voici tout justement la vie de sainte Jacinthe. Nous la trouvons sur la table à ouvrage d'une jeune fille. Une aiguille à tricoter, laissée entre deux pages, nous montre à quel endroit la lectrice s'est arrêtée ce matin.

« CHAPITRE V. — *Elle se dépouille de toute affection naturelle pour ses parents.*

« Sachant du Rédempteur lui-même qu'on ne doit pas aimer les parents plus que Dieu, et se sentant naturellement portée à chérir les siens, elle craignit qu'un tel amour, encore que naturel, s'il venait à prendre racine et à croître dans son cœur, ne pût avec le temps surpasser ou empêcher l'amour qu'elle devait à Dieu et la rendre indigne de lui. Elle prit la très-généreuse résolution de se dépouiller de toute affection pour les personnes de son sang.

« Déterminée à se vaincre dans cette courageuse résolution et à triompher de la nature elle-même qui résistait; animée puissamment par une autre parole du Christ, qui dit que pour aller à lui il faut même détester nos parents quand l'amour que nous avons pour eux nous barre le chemin, elle s'en alla faire solennellement un grand acte de renonciation devant l'autel du Très-Saint Sacrement. Là, tombant à genoux, et embrasée d'une grande flamme de charité pour Dieu, elle lui fit l'offrande de toutes les affections naturelles de son cœur, et particulièrement de celles qu'elle sentait les plus fortes en elle, pour ses parentés les plus chères et les plus étroites. Elle fit intervenir dans cette action héroïque la très-sainte Vierge, comme on le voit dans une lettre de sa main à un prêtre régulier, promettant, avec l'aide de la sainte Vierge, de ne plus s'attacher ni à ses parents, ni à aucune autre chose terrestre. Ce renoncement fut si fortement courageux et si sincère, que dès ce moment ses frères, sœurs, neveux, toutes les personnes de son sang devinrent l'objet de son indifférence, se considérant désormais comme orpheline et seule sur la terre, au point de voir les susdits et de leur parler, lorsqu'ils venaient la visiter au couvent, comme si elle avait été avec des étrangers et des inconnus.

« Elle s'était formé dans le paradis une famille toute spirituelle, choisie parmi les saints qui avaient le plus péché. Son père était saint Augustin ; sa mère, sainte Marie l'Égyptienne ; son frère, saint Guillaume l'Ermite, ex-duc d'Aquitaine; sa sœur, sainte Marguerite de Cortone ; son oncle, le prince des apôtres, saint Pierre; ses neveux, les trois enfants de la fournaise de Babylone. »

Vous croyez peut-être que le livre date du moyen âge ; qu'il exprime l'opinion isolée d'un esprit faussé par le cloître : détrompez-vous. Voici le titre, et la date, et l'opinion des gens qui gouvernent à Rome :

« *Vie de la vierge sainte Jacinthe Mariscotti, religieuse professe du troisième ordre du père séraphique saint*

François; écrite par le P. Flaminius Marie Annibal de Latera, frère observant de l'ordre des mineurs. Rome, 1805, chez Antonio Fulgoni, avec permission des supérieurs.

« Approbation. Ce livre est à la gloire et à l'honneur de la religion catholique et de l'ordre illustre de Saint-François, et au profit spirituel des personnes qui désirent entrer dans la voie de la perfection.

« F. Thomas Mancini, de l'ordre des prédicateurs, maître, ex-provincial et consultore *de' Santi Riti.*
« Permis d'imprimer. F. Thomas Vincent Pani, de l'ordre des prédicateurs. Maître du Sacré-Palais apostolique. »

Voilà une femme, un auteur, un censeur et un maître du palais qui étrangleraient le genre humain pour le mettre plus vite en paradis.

Voulez-vous sortir dans la rue ? Quatre hommes de tout âge se crottent les genoux devant une madone en nasillant des prières. Quinze ou vingt autres arrivent sur vous en chantant un cantique à la gloire de Marie. Vous supposez qu'ils cèdent à une inspiration naturelle et qu'ils travaillent librement à leur salut. Je l'ai cru moi-même, jusqu'au moment où l'on m'a dit qu'ils étaient payés trente sous pour édifier le monde. C'est le gouvernement qui subventionne cette comédie en plein vent.

Les rues et les routes sont peuplées de mendiants. Dans un pays laïque, l'administration secourt les pauvres à domicile ou les recueille dans les hospices ; elle ne leur permet pas d'encombrer la voie publique et de tyranniser les passants. Mais nous sommes en pays ecclésiastique. D'une part, la pauvreté est chère à Dieu; de l'autre, l'aumône est une œuvre pie. Si le pape pouvait obtenir qu'une moitié de ses sujets tendît la main et que l'autre moitié y mît un sou, il ferait le salut de tout son peuple. La mendicité, que les souverains laïques guérissent comme une plaie, est arrosée comme une fleur par un gouvernement clérical. Donnez quelque chose à ce faux boiteux qui passe ; dônnez à ce manchot de contrebande ; donnez surtout à ce jeune aveugle conduit par son père. Un médecin de mes amis offrait hier de lui rendre la vue par l'opération de la cataracte : le père a poussé les hauts cris et défendu énergiquement son gagne-pain.

Les Romains ne sont pas dupes de leurs pauvres; ils ont trop d'esprit pour se laisser prendre à l'escroquerie du malheur. Ils mettent pourtant la main à la poche : celui-ci par faiblesse et respect humain, celui-là par ostentation, quelques-uns pour gagner le paradis. Le gouvernement pontifical encourage la mendicité par la protection de ses agents, et la conseille par l'exemple de ses moines.

La prostitution fleurit à Rome et dans toutes les grandes villes de l'État. La police est trop paternelle pour refuser les consolations de la chair à trois millions de personnes, dont cinq ou six mille ont fait vœu de célibat. Mais autant elle a d'indulgence pour le vice, autant elle est sévère pour le scandale. Elle ne permet aux femmes de se conduire légèrement que si elles sont abritées sous la responsabilité d'un mari. Elle étend le manteau de Japhet sur les vices des Romains, afin que les plaisirs d'une nation ne soient pas un scandale pour les autres. Plutôt que d'avouer l'existence du mal, elle aime mieux le laisser sans surveillance : les États laïques ont l'air de sanctionner la prostitution, lorsqu'ils la soumettent à des lois. La police cléricale n'ignore pas que son noble et volontaire aveuglement expose à des dangers certains la santé de tout un peuple. Mais elle se frotte les mains en songeant que les fornicateurs seront tous punis par où ils ont péché.

Ce n'est pas seulement dans un intérêt fiscal que les papes conservent chez eux l'institution de la loterie. Les laïques qui nous gouvernent l'ont abolie depuis longtemps, parce que dans un État bien organisé, où le travail mène à tout, il faut instruire les citoyens à ne compter que sur leur travail. Mais dans le royaume de l'Église, où l'activité ne mène à rien, la loterie n'est pas seulement une consolation pour les pauvres : elle fait partie intégrante de l'éducation publique. Elle habitue les gens à croire aux miracles en leur montrant les gueux enrichis par féerie. La multiplication des pains dans le désert n'était pas plus surnaturelle que la métamorphose de vingt sous en six mille francs. Un beau terne est comme un présent de Dieu ; c'est de l'argent tombé du ciel. Le peuple sait que nul effort humain ne peut forcer trois numéros à sortir : il ne compte que sur la bonté divine. Il s'adresse aux capucins pour avoir de bons numéros ; il entreprend des neuvaines ; il appelle humblement l'inspiration du ciel avant de se mettre au lit; il voit en songe la madone, toute constellée de chiffres. Il paye des messes aux églises ; il offre de l'argent au prêtre, pour qu'il mette trois numéros sous le calice à l'heure de la consécration. C'est ainsi que les courtisans de Louis XIV se rangeaient sur le passage du roi pour obtenir un regard et une faveur. Le tirage de la loterie est public, comme chez nous les leçons du Collége de France. Et véritablement, c'est une grande et salutaire leçon. Les gagnants apprennent à louer Dieu dans ses munificences ; les perdants sont punis d'avoir convoité les richesses temporelles. Grand profit pour tout le monde, et surtout pour le gouvernement. Ce jeu lui rapporte deux millions par an, sans compter la satisfaction du devoir accompli.

Les précepteurs sacrés de la nation romaine croient remplir tous leurs devoirs envers Dieu et envers eux-mêmes. Mais ce n'est pas à dire qu'ils fassent toujours bien les affaires de Dieu et celles du gouvernement.

> On rencontre sa destinée
> Souvent par les chemins qu'on prend pour l'éviter.

C'est La Fontaine qui nous l'a dit; c'est le pape qui nous le prouve. Malgré les soins donnés à l'éducation religieuse, les sermons, les bons livres, les spectacles édifiants, la loterie, et tant de belles choses, la foi s'en va. L'aspect général du pays n'en laisse rien voir, parce que la crainte du scandale est passée dans les mœurs, mais le diable n'y perd rien. Peut-être même les citoyens sont-ils d'autant plus contraires à la religion qu'elle règne sur eux. Notre ennemi, c'est notre maître : Dieu est trop le maître de ces gens-là pour qu'ils ne le traitent pas un peu en ennemi. L'esprit d'opposition s'appelle athéisme, quand les Tuileries s'appellent le Vatican. Un gamin de Rimini, qui me conduisait en voiture à Saint-Marin, a lâché un mot terrible qui me revient souvent à la pensée. « Dieu ? m'a-t-il dit. Je crois bien que, s'il y en a un, c'est un prêtre comme les autres. »

Ami lecteur, méditez cette polissonnerie. Quand je l'envisage de près, je recule d'épouvante comme devant ces crevasses du Vésuve, qui laissent entrevoir le gouffre.

Le pouvoir temporel a-t-il mieux servi ses intérêts que ceux de Dieu ? J'en doute. La députation de Rome était rouge en 1848. C'est Rome qui a nommé Mazzini. C'est elle qui le regrette encore dans les bas-fonds du quartier de la Regola, sur cette rive fangeuse du Tibre, où les sociétés secrètes pullulent aujourd'hui comme les moucherons au bord du Nil.

Si l'on montrait au philosophe Gavarni ces déplorables fruits d'une éducation modèle, il s'écrierait probablement : « Élevez donc les nations, pour qu'elles vous manquent de respect ! »

XVII

OCCUPATION ÉTRANGÈRE

Le pape est aimé et vénéré dans tous les États catholiques, excepté dans le sien.

Il est donc juste et naturel que 139 millions d'hommes dévoués et respectueux lui prêtent main-forte contre trois millions de mécontents. C'est peu de lui avoir donné un royaume temporel; c'est peu de le lui avoir rendu lorsqu'il avait eu le chagrin de le perdre; il faut lui prêter une assistance permanente, si l'on ne veut pas recommencer tous les ans les frais d'une restauration. Tel est le principe de l'occupation étrangère. Nous sommes 139 millions de catholiques qui avons délégué violemment à trois millions d'Italiens l'honneur de nourrir et de loger notre chef spirituel. Si nous ne laissions pas en Italie une armée respectable pour surveiller l'exécution de nos volontés, nous ne ferions que la moitié de notre besogne.

En bonne logique, la sécurité du pape devrait être garantie à frais communs par toutes les puissances catholiques. Il serait naturel que chaque nation intéressée à l'oppression des Romains fournît son contingent de soldats. Mais un tel système aurait le défaut de faire ressembler le fort Saint-Ange à la tour de Babel. D'ailleurs, ce n'est pas toujours la logique qui gouverne les affaires de ce monde.

Les trois seules puissances qui aient contribué au rétablissement de Pie IX sont la France, l'Autriche et l'Espagne. Les Français ont assiégé Rome, les Autrichiens ont envahi les places de l'Adriatique; les Espagnols ont fait peu de chose. Ce n'est ni la bonne volonté ni le courage qui leur manquaient; mais les alliés ne leur ont rien laissé à faire.

S'il est permis à un simple particulier de rechercher les mobiles qui font agir les princes, j'oserai dire que la reine d'Espagne n'avait en vue que l'intérêt de l'Église, sans aucune arrière-pensée. Ses soldats sont venus pour rétablir le pape; ils sont retournés chez eux lorsqu'ils l'ont vu rétabli. Politique chevaleresque.

Napoléon III croyait aussi que la restauration du pape sur un trône était nécessaire au bien de l'Église. Peut-être même le croit-il encore; je n'en voudrais pas jurer. Mais ses raisons d'agir étaient nombreuses et compliquées. Simple président de la république française, héritier d'un nom qui l'appelait au trône, il avait le plus grand intérêt à montrer à l'Europe comment on dompte les républiques. Il songeait déjà à jouer ce rôle de champion de l'ordre, qui l'a fait accepter par tous les souverains comme un frère d'abord, et bientôt comme un arbitre. Mais à ces mobiles d'intérêt personnel s'en joignaient d'autres d'un ordre plus élevé, s'il est possible. L'héritier de Napoléon et de la révolution libérale de 89, l'homme qui lisait son nom sur la première page du Code civil, l'auteur de tant d'ouvrages où l'on sent palpiter la vie moderne et la passion du progrès, le rêveur silencieux qui portait en germe dans son cerveau toutes les prospérités dont nous jouissons depuis dix ans, n'était pas capable de dévouer trois millions d'Italiens à la réaction, à l'illégalité et à la misère. S'il avait fermement résolu de faire cesser la république à Rome, il n'était pas moins décidé à supprimer les abus, les injustices et toutes les traditions oppressives qui poussaient les Italiens à la révolte. Dans la pensée du chef de la France, c'était vaincre une seconde fois l'anarchie que de lui ôter tout prétexte et toute raison d'être.

Il connaissait Rome; il y avait vécu; il savait par lui-même en quoi le gouvernement du pape diffère des bons gouvernements. Son équité naturelle lui conseilla de donner aux sujets du saint-père, en échange de l'autonomie politique dont il les dépouillait, toutes les libertés civiles et tous les droits inoffensifs dont on jouit dans les États policés. Il écrivit à M. Edgar Ney, le 18 août 1849, une lettre qui était un vrai *memorandum* à l'adresse du pape. *Amnistie, sécularisation, code Napoléon, gouvernement libéral;* voilà ce qu'il promettait aux Romains en échange de la république; voilà ce qu'il demandait au pape en échange d'une couronne. Ce programme donnait en quatre mots une grande leçon au souverain, une grande consolation au peuple.

Mais il est plus facile d'introduire un ressort de Bréguet dans une montre du temps d'Henri IV que de faire entrer une réforme dans la vieille machine pontificale. La lettre du 18 août fut accueillie par les amis du pape comme une « insulte au bon droit, au bon sens, à la justice, à la majesté [1]. » Pie IX s'en offensa; les cardinaux en firent des gorges chaudes. Cette volonté, cette sagesse et cette justice d'un homme qui les tenait tous dans sa main, leur parut comique au suprême degré. Ils en rient encore. Ne prononcez pas devant eux le nom de M. Edgar Ney; vous les feriez pouffer !

L'empereur d'Autriche n'a pas eu l'indiscrétion d'écrire une lettre du 18 août. C'est que la politique autrichienne en Italie diffère sensiblement de la nôtre.

La France est un corps bien solide, bien compacte, bien résistant, bien uni, qui ne craint pas d'être entamé, qui n'a pas besoin d'entamer les autres. Ses frontières politiques sont à peu près ses limites naturelles; elle n'a rien à conquérir aux environs, ou du moins fort peu de chose. Elle peut donc intervenir dans les événements de l'Europe pour des intérêts purement moraux, sans qu'on lui prête des vues de conquête. Quelques-uns de ses chefs se sont laissé entraîner un peu loin par l'esprit d'aventures; la nation n'a jamais eu ce

[1] Louis Veuillot, article du 10 septembre 1849.

qu'on pourrait appeler l'ambition géographique. Elle ne dédaigne pas de conquérir le monde à ses idées, mais elle ne veut rien de plus. Ce qui fait la beauté de notre histoire, pour qui la regarde d'un peu haut, c'est le double travail poursuivi simultanément par le souverain et la nation pour concentrer la France, et disperser les idées françaises.

La vieille diplomatie autrichienne, depuis plus de 600 ans, s'occupe sans relâche à coudre des morceaux d'étoffe sans arriver à faire un habit. Elle ne regarde pas à la couleur du drap, ni à la solidité; elle pousse l'aiguille et coud toujours. Le fil qu'elle emploie est souvent du fil blanc; souvent aussi, il casse et le morceau se découd : elle s'empresse d'en chercher un autre. Une province se détache, on en retrouve deux; la pièce se déchire par le milieu, on rattrape un lambeau, et l'on y recoud, vite, vite, tout ce qui peut tomber sous la main. Cette monomanie de couture a pour effet de changer incessamment la carte de l'Europe, de rapprocher, au gré du hasard, des races et des religions de toute sorte, et de troubler l'existence de vingt peuples sans créer l'unité d'une nation. Quelques vieillards machiavéliques, assis à Vienne autour d'un tapis vert, dirigent le travail, mesurent l'étoffe, se frottent les mains lorsqu'elle grandit, s'arrachent la perruque toutes les fois qu'un morceau se déchire, et regardent de tous côtés où l'on pourrait trouver à prendre. Au moyen âge, on envoyait les fils de la maison chez les princesses étrangères ; ils leur faisaient la cour en allemand, et rapportaient toujours quelque chiffon de pays. Mais aujourd'hui que les princesses reçoivent leur dot en écus, on a recours à des moyens violents pour se procurer de l'étoffe ; on la fait prendre par des soldats ; et il y a de grandes taches de sang sur ce manteau d'arlequin.

Presque tous les États de l'Italie, le royaume de Naples, la Sardaigne, la Sicile, Modène, Parme, Plaisance, Guastalla ont été cousus tour à tour à la même pièce que la Bohême, la Transylvanie et la Croatie. Rome aurait eu le même sort si les excommunications des papes n'avaient pas fait casser le fil. En 1859, c'est Venise et Milan qui payent pour tout le monde, en attendant que la Toscane, Modène et Massa viennent se faire coudre, en vertu de certains droits de réversibilité.

Quelle n'a pas été la joie des diplomates autrichiens, le jour où ils ont pu, sans faire crier personne, jeter leurs soldats dans le royaume du pape ? Assurément l'intérêt de l'Église était le moindre de leurs soucis. Et quant à s'intéresser aux malheureux sujets de Pie IX, quant à réclamer pour eux quelques droits ou quelques libertés, l'Autriche n'y a pas songé un seul instant. La vieille Danaïde n'a vu que l'occasion de verser un peuple de plus dans son tonneau mal joint qui ne peut rien garder.

Tandis que l'armée française canonnait prudemment la capitale des arts, épargnait les monuments publics et prenait Rome avec des gants, les soldats autrichiens envahissaient à la Croate les admirables villes de l'Adriatique. Vainqueurs, nous avions des raisons d'humanité pour traiter délicatement nos vaincus; l'Autriche avait des raisons de conquête pour brutaliser les siens. Le beau pays des Légations et des Marches lui apparaissait comme une nouvelle Lombardie, bonne à garder.

Nous occupions Rome et le port de Civita-Vecchia, les Autrichiens prenaient pour eux tout le versant de l'Adriatique. Nous campions dans les casernes que la municipalité avait bien voulu nous prêter ; les Autrichiens construisaient de véritables forteresses à leur usage, avec l'argent des opprimés. Notre logement coûtait peu de chose aux Romains ; les Autrichiens vivaient sur le peuple. Pendant six ou sept ans, toutes les dépenses de leur armée furent à la charge du pays. Ils envoyaient des régiments tout nus, et quand la pauvre Italie les avait habillés, ils en renvoyaient d'autres.

Leur armée était vue d'assez mauvais œil, la nôtre aussi ; le parti radical ne leur voulait aucun bien, non plus qu'à nous. On leur tua, comme à nous, quelques soldats isolés : l'armée française se défendit avec courtoisie, l'armée autrichienne se vengea. Nous avons fusillé deux assassins en trois ans, du 1er janvier 1850 au 1er janvier 1853 ; l'Autriche a la main beaucoup plus lourde : elle tua non-seulement les criminels, mais les étourdis et même quelques innocents. Je vous ai cité des chiffres épouvantables, dispensez-moi de les répéter.

Du jour où le pape a daigné rentrer chez lui, l'armée française s'efface : elle se hâte de remettre tous les pouvoirs au gouvernement pontifical. L'Autriche n'a rendu que ce qu'elle ne pouvait garder. C'est encore elle qui se charge de réprimer les délits politiques : elle se sent personnellement lésée si l'on tire un pétard, si l'on cache un fusil : elle se croit en Lombardie.

A Rome, les Français se mettent à la disposition du pape pour tous les services d'ordre et de sécurité publique. Nos soldats ont le cœur trop honnête pour laisser courir l'assassin ou le voleur qui passe à leur portée. Les Autrichiens prétendent qu'ils ne sont pas des gendarmes pour arrêter les malfaiteurs ; chaque soldat se regarde comme un agent des vieux diplomates, chargé d'une fonction politique et non autre : les affaires de police ne le regardent pas. Qu'arrive-t-il ? L'armée autrichienne, qui a désarmé soigneusement tous les citoyens, les livre sans défense aux malfaiteurs. On m'a montré à Bologne M. Vincent Bedini, négociant, qui fut dévalisé dans son magasin à six heures du soir ; une sentinelle autrichienne montait la garde à sa porte ! L'Autriche a raison de protéger le désordre dans les provinces qu'elle occupe : plus les crimes seront fréquents et la population ingouvernable, plus la présence d'une armée autrichienne sera nécessaire. Chaque meurtre, chaque vol, chaque escalade, chaque mauvais coup enracine les vieux diplomates dans le royaume du pape.

La France serait heureuse de pouvoir rappeler ses soldats. Elle sent que leur présence à Rome n'est pas un fait normal ; elle est plus choquée que personne de cette irrégularité. Elle a réduit tant qu'elle a pu l'effectif de l'occupation ; elle embarquerait ses deux derniers régiments si elle ne savait pas que c'est livrer le pape au bourreau. Voyez à quel point elle pousse le désintéressement dans les affaires d'Italie ! Pour mettre le saint-père en état de se défendre tout seul, elle cherche à lui créer une armée nationale. Le pape possède aujourd'hui quatre régiments de fabrique française ; s'ils ne sont pas excellents, ou plutôt s'il est impossible de compter sur eux, ce n'est pas la faute des Français : le gouvernement des prêtres ne s'en prendra qu'à lui-même. Nos généraux ont tout fait au monde, non-seulement pour dresser les soldats du pape, mais pour leur inspirer l'esprit militaire, que les cardinaux étouffent soigneusement. Est-ce l'armée autrichienne qui chercherait à se rendre inutile et à se renvoyer elle-même dans ses foyers ?

Et pourtant, je l'avoue avec une certaine confusion, la conduite des Autrichiens est plus logique que la nôtre. Ils sont venus chez le pape pour y rester ; ils ne ménagent rien pour y assurer leur conquête. Ils déciment la population, afin qu'on les craigne. Ils éternisent le désordre, afin que leur présence soit toujours nécessaire. Le désordre et la peur sont les meilleures armes de l'Autriche.

Quant à nous, voici ce que nous avons fait. Dans l'intérêt de la France, rien. Dans l'intérêt du pape, fort peu de chose. Dans l'intérêt de la nation italienne, moins encore.

Le pape nous a promis la réforme de quelques abus, dans son *motu proprio* de Portici. Ce n'était pas tout ce que nous lui demandions; cependant ses promesses nous ont fait plaisir. Il est rentré dans sa capitale pour les éluder tout à l'aise. Nos soldats l'attendaient l'arme au bras. Ils sont tombés à genoux sur son passage.

Durant neuf années consécutives, le gouvernement pontifical a reculé à petits pas, tandis que la France le suppliait poliment d'avancer un peu. Pourquoi aurait-il suivi nos conseils ? Qu'est-ce qui le forçait de se rendre à nos raisons? Nos soldats continuaient à monter la garde, à présenter les armes, à mettre un genou en terre et à se promener régulièrement en patrouille autour de tous les abus.

L'insistance de nos bons conseils a fini par lui être désagréable ; sa cour rétrograde nous a pris en horreur : elle aimerait mieux les Autrichiens qui foulent le peuple, mais qui ne parlent jamais de liberté. Les cardinaux répètent tout bas, et quelquefois tout haut, qu'ils n'ont pas besoin de notre armée, que nous les gênons beaucoup, et qu'ils sauraient bien se protéger eux-mêmes, avec l'aide de quelques régiments autrichiens.

La nation, c'est-à-dire la classe moyenne, dit que notre bonne volonté, dont elle ne doute point, ne lui sert pas à grand'chose. Qu'elle se chargerait bien d'obtenir tous ses droits, de séculariser le gouvernement, de proclamer l'amnistie, de promulguer le Code Napoléon et d'établir des institutions libérales, si nous voulions seulement retirer nos soldats. Voilà ce qu'elle dit à Rome. A Bologne, à Ferrare, à Ancône, elle pense que, malgré tout, les Romains sont heureux de nous avoir, car si nous laissons faire le mal, au moins nous ne le faisons pas nous-mêmes. On nous accorde cette supériorité sur les Autrichiens.

Nos soldats ne disent rien : on ne raisonne pas sous les armes. Permettez-moi de parler pour eux :

« Nous ne sommes pas ici pour appuyer l'injustice d'un petit gouvernement qu'on ne supporterait pas vingt-quatre heures chez nous. S'il en était ainsi, il faudrait ôter l'aigle de nos drapeaux, et mettre un corbeau à sa place. L'Empereur ne peut pas vouloir la misère d'un peuple et la honte de ses soldats : il a son idée. Mais en attendant, si ces pauvres diables de Romains s'insurgeaient pour réclamer la sécularisation, l'amnistie, le code et le gouvernement libéral que nous leur avons fait espérer, nous serions forcés de leur tirer des coups de fusil. »

XVIII

POURQUOI LE PAPE N'AURA JAMAIS DE SOLDATS

J'ai fait une visite à un prélat romain, bien connu pour son dévouement aux intérêts de l'Église, au pouvoir temporel des papes, et à l'auguste personne du saint-père.

Lorsqu'on m'introduisit dans son oratoire, il relisait les épreuves d'un fort volume intitulé : *Administration des corps de troupes*. Il jeta la plume en homme découragé, et me montra les deux épigraphes suivantes, qu'il avait écrites de sa main sur la première page du livre :

> « Tout État indépendant est tenu de se suffire à lui-même et d'assurer sa sécurité intérieure par ses propres forces. »
> Comte de Rayneval, note du 14 mai 1856.

> « Les troupes du pape seront toujours les troupes du pape. Qu'est-ce que des guerriers qui n'ont de leur vie guerroyé? » de Brosses.

Il me laissa méditer ces sentences peu rassurantes, puis il me dit : « Vous n'êtes pas à Rome depuis longtemps, et vos impressions doivent être justes, parce qu'elles sont fraîches. Que vous semble de nos Romains? Pensez-vous que les descendants de Marius soient une race sans cœur, incapable d'affronter le danger? S'il était vrai que la nation n'eût rien gardé de son patrimoine, pas même le courage physique, tous nos efforts pour créer dans Rome une force nationale seraient condamnés à l'avance. Les papes resteraient éternellement désarmés en face de leurs ennemis. Ils n'auraient plus qu'à se retrancher derrière le courage intéressé d'une garnison suisse, ou la protection respectueuse d'une grande puissance catholique. Où serait l'indépendance ? où serait la souveraineté?

— Monseigneur, lui répondis-je, je connais déjà trop les Romains pour les juger sur les calomnies de leurs ennemis. Je vois tous les jours avec quelle intempérance de courage ce peuple violent et sanguin donne et reçoit la mort. Je sais quelle estime Napoléon Ier professait pour les régiments qu'il a levés ici. Enfin nous pouvons dire entre nous qu'il y avait beaucoup de sujets pontificaux dans l'armée révolutionnaire qui a osé défendre Rome contre les Français. Je suis donc persuadé que le saint-père n'a pas besoin de sortir de chez lui pour lever des hommes, et qu'une éducation de quelques années suffirait pour transformer ces hommes en soldats. Ce qui me paraît beaucoup moins évident, c'est l'absolue nécessité d'une armée romaine. Le pape veut-il s'agrandir par la guerre ? Non. A-t-il à craindre qu'un ennemi envahisse ses États ! Pas davantage. Il est mieux protégé par la vénération de l'Europe que par une ceinture de forteresses. Si quelque différend s'élevait par impossible entre le saint-siége et une monarchie italienne, le pape a de quoi résister victorieusement et sans coup férir, car il compte plus de soldats en Piémont, en Toscane et dans les Deux-Siciles que les Napolitains, les Toscans et les Piémontais n'en sauraient envoyer contre lui. Voilà pour le dehors, et la position est si nette, que votre ministère de la guerre s'intitule modestement et chrétiennement ministère des armes. Pour le dedans, une bonne gendarmerie vous suffit.

—Eh! mon cher enfant, s'écria le prélat, nous ne demandons pas autre chose. Un peuple qui n'est pas destiné à faire la guerre ne doit pas avoir d'armée, mais il doit mettre sur pied les forces nécessaires au maintien de la paix publique. C'est une armée de police et de sécurité intérieure que nous nous appliquons à créer depuis 1849. Avons-nous réussi? Nous suffisons-nous à nous-mêmes? Sommes-nous en état d'assurer notre tranquillité par nos propres forces? Non! non! non!

—Pardonnez-moi, monseigneur, si je vous trouve un peu sévère. Depuis trois mois que j'erre en observateur dans les rues de Rome, j'ai eu le temps de voir l'armée pontificale. Vos soldats ont bonne tournure, leur tenue n'est pas mauvaise; ils ont l'air martial, et autant que j'en puis juger, ils manœuvrent assez correctement. Il serait bien malaisé de reconnaître en eux l'ancien soldat du pape, ce personnage fabuleux destiné à escorter les processions et à tirer le canon au feu d'artifice; ce rentier en uniforme, qui montait la garde avec un parapluie, lorsque le temps menaçait un peu. L'armée du saint-père ferait bonne figure dans tous les pays du monde; et il y a tel de vos soldats que je prendrais pour un des nôtres, à ne le point regarder de trop près.

—Oui, l'apparence est bonne et je m'en contenterais, si l'on pouvait tenir les factions en bride avec de simples apparences. Mais je sais bien des choses inquiétantes, quoique je ne sache pas tout. Je sais que le recrutement des soldats et même des officiers est difficile; que les jeunes gens de bonne famille dédaignent de commander dans l'armée, et que les garçons de charrue dédaignent d'y servir; je sais que plus d'une mère aimerait mieux voir son fils au bagne qu'au régiment. Je sais que nos soldats, ramassés pour la plupart dans la lie du peuple, n'ont ni confiance dans leurs camarades, ni respect pour leurs officiers, ni vénération pour le drapeau. C'est en vain qu'on chercherait en eux le dévouement au pays, la fidélité au souverain, et toutes ces belles vertus guerrières qui font qu'un homme meurt à son poste. Les lois du devoir et de l'honneur sont lettre morte pour le plus grand nombre; je sais que les propriétés particulières ne sont pas toujours respectées par le gendarme. Je sais que les factions comptent au moins autant que nous sur l'appui de l'armée. A quoi nous sert d'avoir 14,000 ou 15,000 hommes sur pied et de dépenser 10 millions tous les ans, si après tant d'efforts et de sacrifices la protection des étrangers nous est plus nécessaire que le premier jour?

—Monseigneur, répondis-je, vous mettez les choses au pis, et vous jugez un peu la situation comme le prophète Jérémie. Le saint-père a plusieurs officiers excellents dans les armes spéciales et dans les troupes de ligne; vous avez aussi quelques bons soldats, dans le nombre. Nos officiers, qui sont des hommes compétents, rendent justice à l'intelligence et à la bonne volonté des vôtres. Si quelque chose m'étonne, c'est que l'armée pontificale ait fait les progrès qu'elle a faits, dans les conditions déplorables où elle était placée. Nous pouvons en parler librement puisque tout est remis en question, et que le chef de l'État s'occupe de la réorganiser de fond en comble. Vous vous plaignez que les fils de famille n'accourent pas à l'École des Cadets dans l'espoir de gagner l'épaulette? Mais l'épaulette n'est pas honorée chez vous; l'officier n'a pas sa place marquée dans l'État : il est dit qu'un diacre a le pas sur un sous-diacre, mais la loi et l'usage de Rome n'admettent pas qu'un simple tonsuré soit au-dessous d'un colonel. Quelle position faites-vous à vos généraux? Quel est leur rang dans la hiérarchie?

—Mais nous n'avons pas de généraux dans l'armée. Nous n'en avons qu'à la tête des ordres religieux. Que dirait le général des Jésuites s'il voyait un soldat s'affubler grotesquement d'un titre si honorable?

—Vous m'y faites songer.

— Pour donner des chefs à nos soldats, sans toutefois créer des personnages, nous avons pris trois colonels, étrangers tous les trois, et nous leur permettons de remplir les fonctions de général. Ils en ont même le déguisement, mais jamais ils n'auront l'audace d'en prendre le nom.

—C'est parfait. Eh bien! chez nous, un gamin de dix-huit ans ne s'engagerait pas dans l'armée, si on lui disait : « Tu deviendras colonel, mais tu ne seras jamais « général. » Ou même : « Tu deviendras général, mais « tu ne seras jamais maréchal de France. » Pourquoi se jetterait-on dans une carrière qui est une impasse ?

« Vous regrettez que tous vos officiers ne soient pas des savants; j'admire qu'ils soient arrivés à savoir quelque chose. Ils entrent à l'école sans concours, sans examen, quelquefois sans orthographe et sans arithmétique. La première inspection de nos généraux découvre de futurs lieutenants qui ne savent pas faire une division; un cours de langue française sans maître et sans élèves, un cours d'histoire où après sept mois d'enseignement le professeur est encore à discourir théologiquement sur la création du monde! Il faut que l'émulation soit bien forte pour que ces jeunes gens se rendent capables de soutenir une conversation avec des officiers français. Vous vous étonnez qu'ils laissent un peu de relâchement s'introduire dans la discipline; mais la discipline est la chose qu'on leur a le moins enseignée. Sous le pape Grégoire XVI, un officier barra le chemin à la voiture d'un cardinal : c'était la consigne. Le cocher passa outre, et l'officier fut mis au fort Saint-Ange pour avoir fait son devoir. Il ne faut pas deux exemples comme celui-là pour démoraliser une armée : un seul suffit. Mais le roi de Naples, lui-même, en remontrerait aux papes sur ce chapitre. Il a mis à l'ordre du jour un simple factionnaire qui avait écharpé le cocher d'un évêque !

« Vous vous scandalisez qu'un certain nombre d'administrateurs militaires écornent le morceau de pain du soldat; mais on ne leur a jamais dit que s'ils faisaient mal ils seraient renvoyés.

—Le plan des réformes s'élabore activement, et vous verrez du nouveau en 1859.

—Tant mieux, monseigneur, et je me fais garant qu'un remaniement sage, mesuré, lentement progressif, comme tout ce qui se fait à Rome, produira en quelques années des résultats admirables. Ce n'est pas du jour au lendemain qu'on peut changer la face des choses; mais le cultivateur se décourage-t-il de planter des arbres, parce qu'ils ne portent fruit qu'au bout de cinq ans? Le moral du soldat est mauvais, comme vous le disiez tout à l'heure : j'entends répéter tous les jours et partout qu'un honnête paysan croirait se déshonorer en portant l'uniforme. Vous ne serez plus réduit à chercher vos recrues dans la lie de la société, quand vous leur ferez entrevoir un avenir. Le soldat prendra quelque sentiment de sa dignité, lorsqu'on n'affichera plus pour lui un dédain qui l'écrase. Ces malheureux sont traités de haut en bas par tout le monde, même par les domestiques de petite maison ; ils respirent une atmosphère de mépris qu'on peut appeler la *mal'aria* de l'honneur. Relevez-les, monseigneur, ils ne demandent pas mieux.

—Avez-vous donc le moyen de nous faire une armée aussi fière et aussi fidèle que l'armée française ? C'est un secret que le cardinal achèterait bien cher !

—Je vous l'offre pour rien, monseigneur. La France a toujours été le pays le plus militaire de l'Europe ; mais, au siècle dernier, le soldat français ne valait pas beaucoup mieux que le vôtre. Les officiers ont peu changé, à cela près que le roi les choisissait dans la noblesse, et qu'aujourd'hui ils s'ennoblissent eux-mêmes par le travail et le courage. Mais le soldat proprement dit ! Il était chez nous, il y a cent ans, ce qu'il est encore ici : l'écume du peuple. Racolé dans les cabarets, entre une pile d'écus et un verre d'eau-de-vie, il se faisait plus redouter des paysans que des ennemis. Le mépris des populations, la bassesse de son état, l'impossibilité de monter en grade, pesaient lourdement sur ses épaules, et il se vengeait de tout sur la cave et la basse-cour. Il tenait son rang parmi les fléaux qui désolaient la France monarchique. Écoutez La Fontaine :

> La faim, les créanciers, *les soldats,* la corvée,
> Lui font d'un malheureux la peinture achevée.

« Vous voyez que vos soldats de 1858 ressemblent quelque peu à nos soudards de la monarchie. Si toutefois vous trouvez qu'absolument parlant, ils ne sont pas encore parfaits, essayez de la recette française. Soumettez tous les citoyens à la conscription, pour que les régiments ne soient plus composés du rebut de la nation ; créez.....

—Chut! interrompit le prélat.

—Monseigneur....?

—Mon enfant, je vous arrête court parce que vous allez vous égarer hors du vrai et du possible. *Primo,* nous n'avons pas ici des citoyens, mais des sujets. *Secundo*, la conscription est une mesure révolutionnaire que nous n'adopterons à aucun prix. Elle consacre un principe d'égalité, aussi contraire aux idées du gouvernement qu'aux mœurs du pays. Elle nous ferait peut-être une armée excellente, mais qui serait l'armée de la nation et non celle du pape. Écartons, s'il vous plaît, cette dangereuse utopie.

—Il y aurait peut-être de la popularité à gagner.

—Tant s'en faut! la conscription est profondément antipathique à tous les sujets du saint-père. Les mécontentements de la Vendée et de la Bretagne ne sont rien en comparaison de ce qu'elle soulèverait ici.

—On se fait à tout, monseigneur. J'ai vu des contingents bretons et vendéens rejoindre leur corps en chantant.

— Tant mieux pour eux. Mais sachez que le seul grief de ce pays contre la domination française est la conscription, que l'Empereur avait établie chez nous.

—Ainsi, vous me refusez la conscription?

—Absolument.

—Je ferai bien de n'y plus songer?

—Il faut en faire votre deuil.

—Eh bien ! monseigneur, je m'en passe. Nous nous en tiendrons au système des enrôlements volontaires, à une seule condition : c'est que vous adopterez un recrutement qui assure l'avenir du soldat. Quelle prime donnez-vous à l'homme qui s'engage sous les drapeaux?

—12 écus; mais dorénavant on ira jusqu'à 20.

—20 écus sont un joli denier; cependant je crains bien que, même à 107 francs par tête, vous n'ayez pas encore des hommes de choix. Avouez-le, monseigneur, il faut qu'un paysan soit bien dénué de ressources pour qu'une somme de 20 écus le décide à revêtir un uniforme méprisé ! Voulez-vous attirer plus de recrues autour de chaque caserne qu'il n'y eut jamais de prétendants à la porte de Pénélope ! Dotez l'armée. Offrez aux citoyens, je veux dire aux sujets de l'État pontifical, une prime sérieusement engageante; donnez-leur une petite somme d'argent comptant pour aider leurs familles, gardez le reste pour le jour où ils sortiront du corps. Retenez-les, à l'expiration de leur congé, par des promesses honorables et fidèlement observées ; faites que chaque nouvelle année de service augmente le pécule du troupier entre les mains de l'État. Quand les Romains sauront qu'un soldat, sans appui, sans instruction, sans coup d'éclat et sans coup de fortune, par la seule fidélité de ses services, peut s'assurer, en 25 années, 500 ou 600 francs de revenu, ils se disputeront l'avantage d'entrer dans les rangs. Et je vous réponds que l'intérêt privé les attachera solidement au pouvoir, comme au dépositaire de leurs économies. Le bourgeois le plus indifférent et le plus lourd, s'il voyait brûler l'étude de son notaire, courrait sur les toits comme un chat pour éteindre le feu. En vertu du même principe, un gouvernement a d'autant plus à attendre de ses serviteurs qu'ils ont plus à espérer de lui.

— Sans doute ; je conçois votre raisonnement ; l'homme ne vit pas sans but. 120 écus de rente font un lit de repos fort agréable, au terme de la carrière militaire. A ce prix les candidats ne nous manqueraient plus. La classe moyenne elle-même solliciterait l'emploi de soldat aussi volontiers que les fonctions civiles, et nous pourrions choisir. C'est la dépense qui m'épouvante.

— Hélas ! monseigneur, vous savez que la bonne marchandise ne se vend jamais au rabais. Le gouvernement pontifical a 15,000 soldats pour dix millions. La France les payerait cinq millions de plus, mais elle en aurait pour son argent. Les hommes qui ont fait deux ou trois congés sont ceux qui coûtent le plus cher, et cependant il y a de l'économie à les garder sous les drapeaux, car chacun d'eux vaut trois conscrits. Voulez-vous, oui ou non, créer une force nationale ? Êtes-vous bien décidés ? Votre parti est-il bien pris ? Payez donc, et faites tous les sacrifices nécessaires. Si, au contraire, le gouvernement préfère l'économie à la sécurité, commencez par économiser les dix millions du budget de l'armée, et faites vendre à l'étranger ces

15,000 fusils plus dangereux qu'utiles, puisque vous ne savez pas s'ils sont pour ou contre vous. La question se résume en deux mots : sécurité qui coûte, ou économie qui tue.

— C'est une armée de prétoriens que vous demandez.

— Le nom ne fait rien à la chose ; je vous promets seulement que si vous payez bien vos soldats, ils seront bien à vous.

— Les prétoriens se tournaient souvent contre les empereurs.

— Parce que les empereurs faisaient la sottise de les payer comptant.

— Mais n'y a-t-il donc pas en ce monde un mobile plus noble que l'intérêt ? Et l'argent est-il le seul lien solide pour attacher les soldats à leur drapeau ?

— Je ne serais pas Français, monseigneur, si j'avais une pareille idée. Si je vous ai conseillé avant tout de donner plus d'argent à vos soldats, c'est que l'argent a été jusqu'ici le seul recruteur de votre armée. C'est aussi parce que l'argent est ce qui vous coûtera le moins et ce que vous m'accorderez le plus volontiers. Maintenant que j'ai obtenu les quelques millions dont j'avais besoin pour attacher vos soldats au gouvernement pontifical, fournissez-moi le moyen de les relever à leurs propres yeux et aux yeux du peuple. Honorez-les, pour qu'ils deviennent gens d'honneur. Prouvez-leur, par la considération dont vous les entourez, qu'ils ne sont pas des valets et qu'ils ne doivent pas en avoir l'âme. Faites-leur une place dans l'État; jetez sur leur uniforme un peu de ce prestige qui est le privilége exclusif de la robe.

— Que demandez-vous là?

— Rien que de nécessaire. Songez, s'il vous plaît, monseigneur, que cette armée, faite pour agir à l'intérieur des États pontificaux, vous servira moins souvent par la force de ses armes que par l'autorité morale de sa présence. Et quelle autorité pourra-t-elle avoir aux yeux des sujets, si le gouvernement affecte de la mépriser?

— Mais, supposé qu'on lui accordât tout l'argent et tous les honneurs que vous réclamez pour elle, elle resterait encore sous le coup de cette observation du président de Brosses : « Qu'est-ce que des guerriers qui « n'ont de leur vie guerroyé? »

— J'en conviens. L'estime que tous les Français accordent au soldat prend sa source dans l'idée des dangers qu'il a courus ou qu'il peut courir. Nous voyons en lui un homme qui a fait d'avance le sacrifice de sa vie, en s'engageant à verser tout son sang au premier signe de ses chefs. Si les petits enfants de notre pays saluent avec respect le drapeau, ce clocher du régiment, c'est parce qu'ils songent à tous les gens de cœur qui sont tombés autour de lui.

— Faudra-t-il donc que nous envoyions nos soldats à la guerre avant de les faire servir à la police de la paix?

— Il est certain, monseigneur, que lorsqu'on rencontre parmi les fantassins du pape un ancien soldat de Crimée égaré par hasard dans un de vos régiments étrangers, la médaille qu'il porte sur la poitrine fait qu'on le regarde d'un autre œil que ses camarades. Quel est le corps de votre armée que le peuple a traité avec respect? Les carabiniers pontificaux, parce qu'on les avait choisis dans l'origine parmi les anciens soldats de Napoléon.

— Mon ami, vous ne répondez pas à ma question. Exigez-vous que nous déclarions la guerre à l'Europe pour exercer nos gendarmes à mettre la paix chez nous?

— Monseigneur, le gouvernement du saint-père est trop sage pour courir les aventures. Nous ne sommes plus au temps de Jules II qui portait la cuirasse et le hausse-col, et sautait lui-même à la brèche. Mais pourquoi le chef de l'Église ne ferait-il pas comme Pie V, qui envoya ses matelots avec les Espagnols et les Vénitiens à la bataille de Lépante? Pourquoi ne détacheriez-vous pas un ou deux régiments romains en Algérie? La France leur donnerait peut-être une place dans ses armées; ils serviraient avec nous la cause sainte de la civilisation. Lorsque ces soldats reviendraient, après cinq ou six campagnes, reprendre modestement un service d'ordre public, soyez sûr que tout le monde leur obéirait poliment. Les valets grossiers ne leur diraient plus ce mot que j'ai entendu hier à la porte du théâtre : « Faites votre métier de soldat, et laissez-moi faire le ser-

« viteur ! » Ceux qui les humilient aujourd'hui seraient fiers de leur témoigner du respect, car les nations sont enclines à s'admirer elles-mêmes dans la personne de leurs armées.

— Combien de temps ?

— Toujours. La gloire acquise est un capital qui ne s'épuise jamais. Toujours aussi les régiments conserveraient l'esprit d'honneur et de discipline qu'ils auraient rapporté de la guerre. Vous ne savez pas, monseigneur, ce que c'est qu'une idée incarnée dans un régiment. Il y a tout un monde de souvenirs, de traditions et de vertus qui circulent, invisibles et présentes dans cette réunion d'hommes. C'est le patrimoine spirituel du corps; les vétérans ne l'emportent pas avec leur congé, les conscrits en héritent dès leur arrivée. On change le colonel, les officiers et tous les soldats l'un après l'autre, et l'on s'aperçoit qu'on a toujours le même régiment, parce que le même esprit voltige toujours dans les plis du même drapeau. Faites quatre bons régiments d'hommes choisis, payés, honorés et passés au feu : ils dureront aussi longtemps que Rome, et Mazzini lui-même ne prévaudra point contre leur courage.

— Ainsi soit-il ! Et que le ciel vous entende !

— La besogne est à moitié faite, monseigneur, si vous m'avez entendu. Nous ne sommes pas loin du Vatican, où siége le véritable ministre des armes.

— Il va me faire une nouvelle objection.

— Et laquelle ?

CHAPITRE XVIII.

— Il me dira que si nous envoyons nos régiments faire leur apprentissage en Afrique, ils nous rapporteront des idées françaises.

— C'est un accident impossible à prévenir : mais il est facile de s'en consoler. Que les idées françaises vous soient rapportées par vos soldats ou apportées par les nôtres, le résultat sera le même. D'ailleurs cette denrée échappe si bien à la douane que tous les chemins de fer vous en approvisionneront bientôt abondamment. Et après tout, où sera le mal ? Tous les hommes qui nous ont étudiés sans parti pris savent que les idées françaises sont les idées d'ordre et de liberté, de conservation et de progrès, de travail et de probité, de culture et d'industrie. Le pays où les idées françaises abondent le plus, c'est la France, et, monseigneur, la France se porte bien. »

XIX

LES INTÉRÊTS MATÉRIELS

« Moi, disait un gros Napolitain, je me soucie de la politique comme d'une pelure d'orange. Je veux croire que nous avons un mauvais gouvernement, puisque tout le monde le dit, et surtout parce que le roi n'ose pas se montrer. Mais mon grand-père a gagné vingt mille ducats dans une fabrique ; mon père a doublé son capital dans une boutique ; j'ai acheté une terre qui me rapporte six pour cent, entre les mains d'un fermier. Je fais quatre repas tous les jours, je me porte bien, je pèse deux cents livres, et le soir, à souper, quand j'ai bu mon troisième verre de vin de Capri, il faut, bon gré mal gré, que je crie *Vive le Roi !* »

Un pourceau, qui traversait la rue, inclina la tête en signe d'approbation.

L'école du pourceau n'est pas nombreuse en Italie, quoi que les voyageurs superficiels aient pu vous conter sur ce chapitre. La nation la mieux douée de l'Europe se persuadera difficilement que le but de la vie est de faire quatre repas tous les jours.

Mais je suppose un instant que les sujets du pape renoncent volontairement à toutes les libertés religieuses, politiques, municipales et même civiles, pour jouir sans arrière-pensée d'un bonheur épais; qu'ils se contentent des biens matériels à la portée de la brute, comme la santé et la nourriture : trouvent-ils chez eux de quoi se satisfaire? Ont-ils, en cela dû moins, à se louer du gouvernement? Sont-ils aussi bien traités que des animaux en cage? Le peuple est-il en bon point? Non.

Dans tous les pays de l'univers, les sources de la richesse publique sont au nombre de trois : l'Agriculture, l'Industrie et le Commerce. Tous les gouvernements qui font leur devoir et qui comprennent leur intérêt, favorisent, à qui mieux mieux, par des mesures générales, la ferme, la boutique et l'atelier. Partout où la nation et ses chefs sont solidaires, on voit le commerce et l'industrie se serrer autour du gouvernement et accroître jusqu'à l'excès la population des capitales; l'agriculture elle-même fait ses plus beaux miracles dans la zone la plus directement soumise à l'influence du pouvoir. Rome est la ville la moins industrielle et la moins commerçante de tout l'État, et sa banlieue ressemble à un désert. Il faut aller bien loin pour trouver quelque essai d'industrie, quelque tentative de commerce.

A qui la faute? L'industrie a surtout besoin de liberté. Or, toutes les industries un peu importantes constituent des priviléges que le gouvernement romain donne à ses amis. Non-seulement les tabacs et les sels, mais le sucre, le verre, la bougie de stéarine se fabriquent par privilége. Privilége par-ci, privilége par-là. Une compagnie se fonde pour les assurances ; elle est privilégiée. Les paniers des marchands de cerises sont fabriqués exclusivement par un vannier privilégié : l'inspecteur de la place Navone saisirait une corbeille réfractaire qui n'aurait pas payé son tribut au privilége. Les épiciers de Tivoli, les bouchers de Frascati, tous les détaillants qui exercent dans la banlieue de Rome, sont des privilégiés ; vous voyez que le privilége luit pour tout le monde et que le commerce en a sa part.

Le commerce ne va pas sans capitaux, sans institutions de crédit, sans communications faciles, et surtout sans sécurité. Je vous ai dit si les routes étaient sûres ; je ne vous ai pas encore montré comme elles sont mauvaises et insuffisantes. Voici des faits : Au mois de juin 1858 j'ai parcouru les provinces de la Méditerranée, prenant des notes à chaque pas. J'ai constaté que dans telle commune la livre de pain coûtait 2 sous et demi, lorsqu'on la donnait à quatre lieues plus loin pour 2 sous. Le transport des marchandises sur une route de quatre lieues valait donc un demi-sou par livre. Le mauvais vin se vendait 14 sous le litre à Sonnino ; à dix lieues de là, dans la commune de Pagliano, le vin passable était à 5 sous. On payait donc 9 sous le transport d'un kilogramme à dix lieues. Partout où les gouvernements tracent des routes, l'équilibre s'établit tout seul dans le prix des denrées.

CHAPITRE XIX.

On objectera que j'ai poussé mes explorations dans des pays perdus. Rapprochons-nous de la capitale ; nous verrons bien pis. Les communes les plus voisines de Rome n'ont pas de chemins carrossables pour communiquer entre elles. Que penserait-on de l'administration française, si nous ne pouvions aller de Versailles à Saint-Germain sans passer par Paris ? C'est pourtant ce qu'on voit depuis des siècles autour de la capitale du pape. Voulez-vous un exemple encore plus imposant ? La seconde ville de l'État pontifical, Bologne, est en communication fréquente et rapide avec tout l'univers, excepté avec Rome. Elle envoie à l'étranger sept courriers par semaine ; elle n'en envoie que cinq à Rome. Les lettres de Paris y arrivent quelques heures avant celles de Rome ; les lettres de Vienne ont un jour et une nuit d'avance sur celles de Rome. Le royaume du pape n'est pas bien grand ; mais je trouve qu'il l'est trop, quand je vois les distances triplées par l'incurie du gouvernement et l'insuffisance des travaux publics. Parlerons-nous des chemins de fer ? Il y en a 20 kilomètres ouverts à la circulation, sur une ligne de 619 kilomètres. Bientôt peut-être, grâce au talent de nos ingénieurs et à l'activité d'un grand financier de Paris, les locomotives pourront circuler entre Rome et Civita-Vecchia, dans un magnifique désert. Mais les provinces adriatiques, qui sont les mieux peuplées, les plus actives et les plus intéressantes du royaume, n'entendront pas le sifflet des machines avant longtemps. La nation demande des chemins de fer à cor et à cri; les propriétaires laïques, au lieu d'élever fantastiquement le prix de leurs terrains, vont au-devant de l'expropriation ; les couvents seuls font des barricades, comme si le diable demandait à passer chez eux. La construction d'une gare dans Rome a soulevé des difficultés comiques. Nos malheureux ingénieurs ne savaient par où conduire leur tracé : partout les moines! On entamait les lazaristes ; le saint-père intervenait en personne: « Monsieur l'ingénieur, grâce pour mes bons lazaristes! Ils sont gens de prière et de méditation, et vos locomotives font tant de bruit ! » On retombait sur les voisins ; nouvelle affaire. On appuyait à gauche ; on rencontrait un petit couvent de femmes fondé par la princesse de Bauffremont. Mais je n'ai pas le loisir de vous conter des épopées. Sachez seulement que les chemins de fer viendront tard, et qu'en attendant le commerce manque de routes et de chemins vicinaux. Le budget des travaux publics s'emploie à la réparation des églises et à la construction de basiliques. On a déjà enterré douze millions sur la route d'Ostie pour élever un bâtiment très-gris et très-laid. On en dépensera tout autant pour l'achever, et le commerce national ne s'en portera pas mieux.

Douze millions ! La banque romaine n'en a que dix pour tout capital. Et quand les négociants vont présenter leurs billets à l'escompte, on n'a pas d'argent à leur donner. Il faut qu'ils s'adressent aux hommes de l'usure et du monopole, et le gouverneur de la banque en est un.

La capitale est en possession d'une Bourse ; je l'ai découverte par hasard, en feuilletant l'Almanach romain. Cet établissement public ouvre une fois par semaine ; jugez par là de l'activité des transactions !

Si le commerce et l'industrie sont de peu de ressource pour les sujets du pape, ils trouvent des compensations dans l'agriculture, et c'est heureux. La fertilité du sol et le travail obstiné du cultivateur empêcheront toujours que la nation ne meure de faim. Lorsqu'elle paye dans l'année un tribut de 25 millions à l'industrie étrangère, l'excédant de ses récoltes fait rentrer chez elle une vingtaine de millions. Le chanvre et le blé, l'huile et la laine, le vin, la soie et le bétail sont le plus clair de son bien.

Que fait le gouvernement ? Ses devoirs sont bien simples et pourraient se résumer en trois mots : protéger, ménager, encourager.

Le chapitre des encouragements ne grève pas le budget. Quelques propriétaires et fermiers, qui ont leur domicile à Rome, demandent la permission de fonder une société d'agriculture : le pouvoir s'y oppose. Pour arriver à leurs fins, il se glissent furtivement dans une société d'horticulture qui était autorisée. Ils s'organisent, se cotisent, exposent aux yeux des Romains une belle collection de bestiaux, et distribuent quelques médailles d'or et d'argent, offertes par le prince Cesarini. N'est-il pas curieux qu'une exposition de bétail, pour être tolérée, se dissimule derrière les renoncules et les camellias? Non-seulement les souverains laïques favorisent ouvertement l'agriculture, mais ils l'encouragent à grands frais, et ne croient pas jeter l'argent par la fenêtre. Ils savent que donner 5,000 francs à l'inventeur d'une bonne charrue, c'est placer un petit capital à gros intérêt. Leur royaume n'en sera que plus prospère, et leurs enfants plus riches. Mais le pape n'a pas d'enfants.

Ne pourrait-il au moins ménager ces malheureux paysans qui lui donnent à vivre ?

Un statisticien d'un talent et d'une loyauté incontestables [1] a prouvé que dans la commune de Bologne les propriétés rurales payaient 160 fr. d'impôt par 100 fr. de rente imposable. Le fisc ne se contente pas d'absorber tout le revenu ; il mord chaque année un petit morceau du capital. Que vous semble de cette modération ?

En 1855, la vigne était malade partout. Les gouvernements laïques soulageaient à qui mieux mieux les malheureux propriétaires. Le cardinal Antonelli profita de l'occasion pour frapper la vigne d'un impôt de 1,862,500 fr. Et, comme le raisin n'était pas là pour payer, l'impôt fut réparti sur les communes. Quel était le pire fléau, de l'oïdium ou du cardinal Antonelli ! Ce n'était pas l'oïdium, car il a disparu, et le cardinal est resté.

Tous les blés récoltés dans l'*Agro Romano* payent un droit fixe de 2 écus 2 dixièmes par *rubbio*. Le *rubbio*

---

[1] *La Dette publique des États romains*, par le marquis J.-N. Pepoli (Turin, 1858), publié à Paris sous le titre de *Finances pontificales* (E. Dentu, 1860).

vaut en moyenne 8 ou 10 écus. C'est donc au moins 22 pour 100 que le gouvernement prélève sur la récolte. Est-ce un impôt modéré ? C'est plus du double de la dîme ! Voilà comme on ménage les producteurs du blé.

Tous les produits agricoles payent un droit à l'exportation. Je connais des gouvernements qui donnent une prime aux exportateurs : c'est ce qui s'appelle encourager l'activité nationale. J'en connais d'autres, et c'est le plus grand nombre, qui laissent sortir en liberté l'excédant des récoltes. Ce n'est plus encourager, c'est ménager les travailleurs. Le pape prélève en moyenne 22 pour 1000 sur la valeur totale des marchandises exportées, et 160 pour 1000 sur la valeur des importations. Le gouvernement piémontais se contente de 13 pour 1000 à la sortie, et de 58 à l'entrée : j'aimerais mieux cultiver la terre en Piémont.

Le bétail est soumis à des taxes vexatoires qui s'élèvent jusqu'à 20 et 30 pour 100 de sa valeur. Il paye au pâturage, il paye jusqu'à 28 francs par tête en allant au marché ; il paye à l'exportation. Cependant l'élève du bétail est une des ressources les plus précieuses du pays, et de celles qu'il faudrait ménager.

Les chevaux qui grandissent dans la campagne de Rome payent 5 pour 100 de leur valeur, chaque fois qu'ils sont vendus. S'ils changent de maître vingt fois en leur vie, le gouvernement encaisse autant d'argent que l'éleveur. Quand je dis le gouvernement, je me trompe. La taxe des chevaux n'est pas comptée au budget, c'est une prébende ecclésiastique. Le cardinal de la Datérie l'encaisse pêle-mêle avec le revenu des évêchés.

« Le bon pasteur doit tondre ses brebis et non les écorcher. » C'est un empereur romain qui l'a dit; ce n'est pas un pape.

Maintenant, je n'ose plus demander au saint-père quelques mesures protectrices qui auraient pour effet certain de doubler le revenu de sa couronne et le nombre de ses sujets.

Je vous ai dit que la statistique de 1857 ne croyait pas exagérer la richesse territoriale des Romains en l'estimant à 2 milliards 610 millions. Le produit brut de ce capital ne s'élève pas à plus de 267,847,086 fr., ou 10 pour 100. C'est peu. Songez qu'en Pologne et dans quelques autres pays de grande culture, la terre donne jusqu'à 12 pour 100 de revenu net, qui représentent au moins 20 pour 100 de produit brut. La terre romaine produirait autant, si le gouvernement s'y prêtait.

Le pays se divise en terres cultivées et en terres incultes. Les terres cultivées, c'est-à-dire plantées d'arbres utiles, fécondées par l'engrais, soumises régulièrement au travail de l'homme et ensemencées tous les ans, sont situées pour la plupart dans les provinces de l'Adriatique, loin des yeux du pape. Dans cette moitié de l'État romain, la plus digne d'intérêt et la moins connue, vingt ans d'occupation française ont laissé des traditions excellentes. L'horrible droit d'aînesse y est aboli, sinon dans la loi, du moins dans les mœurs ; l'égalité des enfants d'un même père entraîne la division de la propriété, si favorable aux progrès de la culture. On y trouve quelques grands propriétaires, comme partout ; mais au lieu d'abandonner leurs biens à la rapacité d'un intendant, ils les divisent eux-mêmes et les confient par menues portions au travail de métayers choisis. Ils fournissent la terre, les bâtiments, le bétail, et l'impôt foncier. Le métayer ou *colon* fournit les bras de sa famille, paye les contributions accessoires, et partage la récolte avec le maître du sol. Ce système est excellent, et les provinces adriatiques ne sembleraient pas à plaindre si elles étaient débarrassées des brigands, protégées contre les inondations du Pô et du Reno, et soulagées des taxes monstrueuses qui les écrasent.

Les impôts sont moins lourds de l'autre côté des Apennins. Il y a même autour de Rome des propriétés qui n'en payent guère. La consulte d'État, en 1854, évaluait les terres privilégiées à la somme de 90 millions. Mais c'est d'autre chose qu'il s'agit : nous abordons les terrains incultes.

Sur le versant de la Méditerranée, au nord, au sud, à l'est et à l'ouest de Rome, et dans tous les sens où peut s'étendre la bénédiction du pape, le pays plat, qui forme une étendue immense, est à la fois désert, inculte et malsain.

Les experts ont fait de beaux raisonnements sur l'état misérable de ce beau pays.

L'un dit ; « Il est inculte parce qu'il est désert : comment le cultiver sans hommes ? Il est désert parce qu'il est malsain : comment les hommes viendraient-ils l'habiter, quand il y va de leur vie ? Assainissez-le d'abord, il se peuplera de lui-même, et les habitants se hâteront de le cultiver; car il n'y a pas de sol plus fertile au monde. »

Un autre répond : « Vous n'y êtes pas. Vous prenez l'effet pour la cause et la cause pour l'effet. Le pays est malsain parce qu'il est inculte. Les détritus végétaux, accumulés les uns sur les autres durant des siècles, fermentent en été sous les rayons du soleil. Le vent passe, enlève une provision de miasmes subtils, insaisissables à l'odorat et pourtant meurtriers. Si toutes ces plaines étaient labourées deux ou trois fois, si l'on faisait pénétrer l'air et la lumière jusque dans les profondeurs du sol, la fièvre qui couve sous les grandes herbes s'évaporerait bientôt, et ne reviendrait plus. Amenez les charrues, et le premier fruit que vous recolterez sera la santé. »

Un troisième répond aux deux premiers : « Vous avez raison l'un et l'autre. Le pays est malsain parce qu'il est inculte, et inculte parce qu'il est malsain. C'est un cercle vicieux dont nous ne sortirons jamais. C'est pourquoi laissons aller les choses, et quand la saison des fièvres sera venue, allons prendre le frais dans la montagne, sous les beaux arbres de Frascati. »

Si le dernier orateur n'était pas un prélat, j'en serais bien étonné. Mais prenez garde, monseigneur ! Frascati, qui était renommé autrefois pour son air pur, ne mérite plus sa réputation ; j'en pourrais dire autant de Tivoli. Les quartiers les plus sains de Rome, tels que le Pincio par exemple, sont devenus malsains depuis quelques années. La fièvre gagne. On remarque en même temps que la culture diminue ; on remarque aussi que les propriétés de mainmorte, c'est-à-dire placées dans la main des prêtres, s'enrichissent de 1,500,000 fr. à 2,000,000 par an. Est-ce que la mainmorte serait la main qui fait mourir ?

J'ai soumis cette question délicate à un homme très-intelligent, très-honorable et très-riche qui exploite quelques milliers d'hectares dans une propriété de l'Église. Il est *marchand de campagne*, comme on dit à Rome. Voici à peu près ce qu'il m'a répondu :

« Les six dixièmes de l'Agro Romano sont propriétés de mainmorte ; trois dixièmes appartiennent aux princes, et le reste à divers particuliers.

« Mon propriétaire est une communauté religieuse qui me loue son terrain tout nu par un bail de trois ans. Le bétail et tout le matériel agricole m'appartiennent ; c'est un capital énorme et sujet à toutes sortes d'accidents ; mais pour gagner peu dans notre cher pays, il faut risquer beaucoup.

« Si le sol était à moi, je sèmerais du grain à peu près partout, car ma ferme est presque toute en bonnes terres ; mais une clause du bail m'interdit expressément de labourer les terrains fertiles, de peur qu'ils ne s'épuisent en produisant du blé. Il est certain qu'ils se fatigueraient à la longue, puisque nous ne faisons point usage de l'engrais; mais les terres médiocres que le propriétaire sacrifie à la charrue se fatigueront bien plus vite et deviendront détestables. Les moines en ont pris leur parti d'avance; ce qui leur importe surtout, c'est que les bonnes terres, destinées à produire de l'herbe et à nourrir le bétail, ne perdent rien de leur vertu.

« Donc je fais peu de blé, puisque les bons religieux me défendent d'en faire beaucoup. Je laboure tantôt une pièce, tantôt une autre. Sur ma ferme, comme dans toute l'étendue de l'Agro Romano, la culture n'est qu'un accident passager, et tant qu'il en sera de même, le pays ne deviendra pas sain.

« J'élève du bétail; c'est une spéculation souvent excellente, souvent désastreuse, et vous allez voir comment. Sur toute l'étendue de ma ferme, il n'y a pas un abri pour les animaux. J'ai demandé aux moines s'ils ne consentiraient pas à construire des étables, moyennant une augmentation proportionnelle de mon fermage. L'homme d'affaires du couvent m'a répondu en haussant les épaules : « A quoi pensez-vous ? nous ne « sommes qu'usufruitiers. Pour faire les améliorations « que vous demandez, nous prendrions sur nos revenus, « et au profit de qui? de ceux qui viendront après nous. « Pas si bêtes ! Nous jouissons du présent; l'avenir nous « importe peu, puisque nous n'avons pas d'enfants. » Rien de plus juste. Le bonhomme ajouta qu'il me permettait de bâtir à mes frais tout ce qui pourrait m'être agréable, pourvu qu'à l'expiration du bail les constructions demeurassent au couvent. Je répondis que j'étais homme à construire, si l'on voulait signer un bail de longueur raisonnable. Mais je me souvins fort à propos que la loi canonique ne reconnaissait pas les baux de plus de trois ans, et qu'on pourrait me chercher noise le jour où mes bâtiments seraient terminés. L'affaire en resta donc là. Or, le bétail a beau être sain et vigoureux, comme il l'est dans notre pays, l'intempérie des saisons ne laisse pas que de lui faire du mal. Cent vaches à l'abri donneraient autant de lait pendant l'hiver que cinq cents vaches en plein champ, et elles coûteraient moitié moins à nourrir. Figurez-vous que pour donner à manger à nos troupeaux, nous leur portons chaque jour une demi-meule de foin qu'on répand sur le sol. Les bêtes en gaspillent beaucoup; s'il pleut, tout est gâté. Calculez la diminution du laitage, les frais du transport, la matière perdue; ajoutez le dégât que les animaux produisent tous les jours en piétinant une terre détrempée, vous comprendrez combien un fermier est à plaindre, lorsqu'il a des propriétaires indifférents à l'avenir et vivant au jour le jour.

« Il est une autre amélioration que je voulais entreprendre à mes frais, mais le couvent n'y a pas consenti. Je demandais la permission de barrer un petit cours d'eau, d'ouvrir quelques rigoles et de doubler la quantité et la qualité des fourrages en les arrosant. Vous ne devineriez jamais ce que les moines m'ont répondu. Ils ont dit que la fertilité causée par l'irrigation serait une sorte de violence faite à la nature, et que, dans un délai plus ou moins long, le sol pourrait s'en trouver appauvri. Que pouvais je répondre à des raisons pareilles? Ces bonnes gens ne savent rien, que défendre leur revenu. Je ne leur reproche ni leur ignorance ni leur mauvais vouloir ; je regrette seulement que la terre soit en leurs mains. L'industrie du pâturage, dans les conditions où l'on nous force de l'exercer, est sujette à de terribles mécomptes. Il suffit d'une année de sécheresse pour ruiner les éleveurs. Dans la campagne de 1854 à 1855, nous avons perdu de 20 à 40 pour 100 sur la totalité du bétail ; en 1856-57, la perte a été de 17 à 25 pour 100 ; et n'oubliez pas qu'avant de mourir au pâturage, chaque bête a commencé par payer l'impôt. »

Un défenseur du système pontifical offrit de me prouver, chiffres en main, que tout était pour le mieux, même dans les propriétés ecclésiastiques. « Nous avons nos raisons, me dit-il, pour préférer le pâturage au labourage. Voici une terre de 100 rubbia[1]. Si le propriétaire se mettait en tête de la cultiver lui-même et d'y semer du blé, le labour, les travaux à la pioche, la récolte, le battage et l'emmagasinage réclameraient l'emploi de 13,550 journées d'ouvrier. Le prix des salaires et des semences, la nourriture des chevaux et des bœufs, l'intérêt du capital représenté par les bestiaux, les frais de surveillance, l'entretien des outils, etc., etc.,

---

[1] Le rubbio, mesure de terrain, = 1 hectare 84 ares. 100 rubbia = 184 hectares.

forment un total de 8,000 écus; 80 écus par rubbio. La terre rend sept grains pour un. On lui a confié 100 mesures [1] de semence, elle en donnera 700. Le prix moyen de la mesure du blé est de 10 écus. Donc la récolte en magasin vaut 7,000 écus après en avoir coûté 8,000. Donc c'est jeter 1,000 écus ou 5,350 francs par la fenêtre, que de vouloir cultiver 100 rubbia de terrain. Ne vaut-il pas mieux les louer à un éleveur, qui payera de 40 à 46 fr. de fermage par rubbio? D'un côté, 5,350 fr. de perte nette! de l'autre, 4,000 ou 4,600 fr. de revenu net! »

Ce raisonnement, fondé sur les calculs d'un prélat fort habile [2], ne prouve rien parce qu'il prouve trop. Si la culture du blé était si ruineuse, on ne s'expliquerait pas l'entêtement des fermiers. Je ne crois pas qu'ils s'obstinent à vouloir cultiver la terre pour le plaisir de faire pièce au gouvernement.

Il est très-vrai que la culture d'un rubbio revient à 80 écus; mais il est faux que la terre ne donne que sept grains pour un. Elle en rend treize, au dire des fermiers, qui n'ont pas l'habitude d'exagérer leurs bénéfices. Treize mesures de blé valent treize fois 10 écus, ou 130 écus. Retranchez-en 80, il en reste 50. Multipliez par 100, vous aurez 5,000 écus ou 26,750 fr. qui sont le revenu net de 100 rubbia cultivés en blé. La même

---

[1] Le rubbio, mesure de capacité, est la quantité de grain nécessaire pour ensemencer un rubbio de terrain. Il équivaut à 217 kilogrammes de blé.
[2] Monsignor Nicolaï.

étendue de terrain livrée au pâturage donnait 4,000 ou 4,600 fr. de revenu net !

Considérez, en outre, que ce n'est pas le revenu net, mais le revenu brut qui fait la richesse d'un pays. La culture de 100 rubbia, avant de mettre 5,000 écus dans la poche du fermier, on a jeté 8,000 dans la circulation. Huit mille écus, ou 42,800 fr. se sont dispersés dans les poches de 1,000 ou 1,500 pauvres diables qui en avaient bon besoin. Le pâturage, au contraire, ne profite qu'à trois personnes : le propriétaire, l'éleveur et le berger.

Songez enfin qu'en remplaçant la pâture par la culture, on remplacerait la fièvre par la santé : et c'est un profit qui vaut tous les autres.

Mais les gens d'église, qui possèdent ou administrent les biens de mainmorte, ne souscriront jamais à une révolution si salutaire : elle ne leur profite pas assez directement. Tant qu'ils seront les maîtres, ils préféreront à l'avenir du peuple la douceur de leurs habitudes et la fixité de leurs revenus.

Un pape qui mériterait des statues, Pie VI, conçut le projet héroïque de leur forcer la main. Il décida que 23,000 rubbia seraient cultivés tous les ans dans l'*Agro Romano*, et que toutes les terres subiraient tour à tour le travail de l'homme. Pie VII fit mieux encore : il voulut que Rome, cause de tout le mal, fût la première à fournir le remède. Il traça autour de la capitale une zone d'un mille, et enjoignit aux propriétaires de la cultiver sans réplique. Une deuxième zone, puis une troisième, devaient succéder à la première, et la culture, gagnant de proche en proche, aurait en quelques années chassé la *mal'aria* et peuplé la solitude. La lisière des champs devait être plantée, pour que la respiration des arbres contribuât avec la culture à l'assainissement de l'air. Excellentes mesures, quoique légèrement empreintes de violence : le despotisme intelligent réparait les fautes du despotisme maladroit. Mais que peut la volonté de deux hommes contre la résistance passive d'une caste ? Les lois de Pie VI et de Pie VII ne furent jamais en vigueur. La culture qui s'était étendue à plus de 16,000 rubbia sous le règne de Pie VI, se réduit à 5,000 ou 6,000, année moyenne, sous l'inspection paternelle de Pie IX. Non-seulement on oublie de planter des arbres, mais on permet aux troupeaux de brouter les jeunes pousses; on tolère les spéculateurs qui vont incendier une forêt pour faire de la potasse !

Les propriétés des princes semblent un peu plus cultivées que celles de l'Église, mais elles sont entraînées dans le même mouvement ou, pour mieux dire, enchaînées dans la même stagnation. La loi qui conserve éternellement un domaine immense aux mains de la même famille, l'usage qui condamne les nobles romains à dévorer leurs revenus pour la montre, tout s'oppose à la division et à l'amélioration des terres.

Et tandis que les plus belles plaines de l'Italie croupissent, une population forte, infatigable, héroïque, cultive à coups de pioche le flanc aride des montagnes et s'exténue à féconder les cailloux.

Je vous ai montré ces petits propriétaires montagnards qui remplissent des villes de 10,000 âmes sur le versant de la Méditerranée. Vous savez avec quel acharnement ils combattent la stérilité de leur modeste domaine, sans aucun espoir d'être jamais riches. Ces pauvres gens, qui passent leur vie à gagner leur vie, se croiraient transportés en paradis si quelqu'un leur donnait par bail emphytéotique un hectare ou deux dans la campagne de Rome. Leur travail aurait une raison, leur existence un but, leur famille un avenir.

Craint-on qu'ils ne refusent de cultiver un pays malsain ? Mais c'est eux qui le cultivent, toutes les fois qu'un propriétaire le permet. C'est eux qui, chaque printemps, descendent de leurs montagnes pour briser les mottes à coups de pioche et terminer le travail de la charrue. C'est encore eux qui viennent moissonner sous les ardeurs funestes de juin. Ils s'abattent sur un champ d'épis ; ils fauchent depuis le lever du soleil jusqu'à la chute du jour, sans autre aliment que du pain et du fromage. Ils dorment en plein champ, couchés dans les exhalaisons flottantes de la nuit, et plus d'un ne se relève pas. Les survivants, après onze jours d'une moisson plus dangereuse qu'une bataille, remportent au village la somme de 20 francs.

S'ils pouvaient contracter un bail emphytéotique, ou simplement prendre la terre à l'année, comme les colons de Bologne et les métayers de nos pays, ils gagneraient bien davantage, et leurs dangers ne seraient pas plus grands. On les établirait, pour commencer, entre Rome et Montepoli, entre Rome et Civita Castellana, dans la vallée de Ceprano, sur les collines qui s'étendent autour des *Castelli* de Rome. Ils y respireraient un air aussi inoffensif que dans leurs montagnes, où la fièvre ne les épargne pas toujours. Bientôt le système colonial, marchant à petits pas et gagnant de proche en proche, réaliserait le rêve de Pie VII et chasserait devant lui la misère et l'épidémie.

Je n'ose pas espérer qu'un tel miracle soit jamais l'œuvre d'un pape. La résistance est trop forte et le pouvoir trop mou. Mais si le ciel, qui a donné aux Romains dix siècles de gouvernement clérical, leur accordait par compensation dix bonnes années d'administration laïque, on verrait peut-être les biens de l'Église distribués en des mains plus actives et plus habiles. On verrait le droit d'aînesse supprimé, les substitutions abolies, les grandes propriétés divisées, les possesseurs réduits par la force des choses à cultiver leur bien. Une bonne loi sur les exportations, fidèlement observée, permettrait aux spéculateurs de cultiver hardiment le blé. Un réseau de bonnes routes et une grande ligne de chemins de fer transporteraient les produits de l'agriculture d'un bout à l'autre du pays. Une marine nationale les ferait circuler jusqu'au bout du monde. Les travaux publics, les institutions de crédit, la gendarmerie... Mais à quoi bon m'égarer dans ces détails ? Il suffit de dire que les sujets du pape seront aussi riches et aussi heureux que pas un peuple de l'Europe dès qu'ils ne seront plus gouvernés par un pape.

XX

FINANCES

« Les sujets du pape sont forcés d'être pauvres, mais ils ne payent presque pas d'impôts ; c'est une compensation. » Voilà ce que j'ai entendu souvent, et vous aussi. On dit même çà et là, sur la foi de je ne sais quelle statistique de l'âge d'or, qu'ils sont administrés à raison de 9 francs par tête.

Ce chiffre est fabuleux, je n'aurai pas de peine à vous le démontrer. Mais fût-il authentique, les Romains n'en seraient pas moins à plaindre. La modicité des impôts est une triste consolation pour un peuple qui n'a rien. J'aimerais mieux être très-riche et payer beaucoup, comme la nation anglaise. Que penserait-on du gouvernement de la Reine, si après avoir ruiné le commerce, l'industrie, l'agriculture et tari toutes les sources de la prospérité publique, il venait dire aux citoyens : « Réjouissez-vous ; désormais vous ne payerez que 9 fr. d'impôt ! » Les Anglais répondraient avec beaucoup de raison qu'il vaut mieux donner 1,000 francs par tête et en gagner 10,000.

La modicité des impôts ne consiste pas dans tel ou tel chiffre. Elle résulte du rapport entre les revenus de la nation et les prélèvements annuels opérés par l'État. Il est juste de prendre beaucoup à celui qui a beaucoup ; il est monstrueux de prendre si peu que ce soit à celui qui n'a rien. Si vous vous placez à ce point de vue, qui est celui du sens commun, vous reconnaîtrez avec moi qu'un impôt de 9 francs par tête serait déjà passablement lourd pour les pauvres Romains.

Mais ce n'est pas 9 francs qu'ils ont à payer ; ce n'est pas même 18. C'est un budget de 70 millions réparti sur 3 millions de têtes.

Réparti, non pas suivant les lois de la logique, de la justice et de l'humanité, mais de telle façon que les charges les plus lourdes tombent sur la classe la plus utile, la plus laborieuse et la plus intéressante de la nation : les petits propriétaires.

Et je ne parle ici que de l'impôt payé directement à l'Etat et avoué dans le budget. Il faut y joindre les charges provinciales et municipales qui, sous forme de centimes additionnels font plus que doubler le principal des contributions directes. La province de Bologne paye tous les ans 2,022,505 fr. de contributions foncières et 2,384,322 fr. de centimes additionnels. Cette somme de 4,406,827 fr., divisée entre 370,107 personnes, ferait une contribution directe de 11 fr. 90 c. par tête. Mais elle n'est pas supportée par toute la population ; elle tombe de tout son poids sur 23,022 propriétaires.

Elle ne pèse pas également sur les propriétaires de

la ville et ceux de la campagne. Un bien de ville estimé 100 fr. paye 2 fr. 68 c. en impôts et sur-impôts dans la province de Bologne. Un bien rural de même valeur paye 6 fr. 32 c. pour 100. N'oubliez pas, s'il vous plaît, que c'est 6 fr. 32 c. pour 100 sur le capital, et non sur le revenu !

Dans l'intérieur des villes, les charges les plus lourdes ne tombent pas sur les palais, mais sur les maisons de la classe moyenne. Sans sortir de Bologne, voici le palais d'un riche seigneur : il est porté au cadastre pour la somme insignifiante de 27,500 fr., parce que les appartements habités par le propriétaire ne sont pas compris dans le revenu. Tel qu'il est, cet immeuble rapporte environ 7,000 fr. et paye 452 fr. d'impôt. La petite maison d'à côté est estimée 3,000 fr. au cadastre; son revenu est de 250 fr. ; elle paye 84 fr. d'impôts. Le palais est taxé à 6 fr. 57 c. pour 100 fr. de revenu, la masure à 33 fr. 60 c. pour 100 !

Nous plaignons les Lombards, et ce n'est pas sans raison. Mais les propriétaires payent 60,000 fr. de plus dans la province de Bologne que dans la province de Milan.

Ajoutez à ces charges écrasantes les impôts sur la consommation. Ils portent sur les denrées les plus nécessaires à la vie, telles que les farines, les légumes, le riz, le pain. Ils sont plus lourds que dans la plupart des grandes villes de l'Europe. La viande paye le même droit d'entrée à Bologne qu'à Paris; la paille, le foin, le bois à brûler payent plus cher.

Les habitants de Lille déboursent 12 fr. par tête au profit de l'octroi ; les habitants de Florence 12 fr. ; les habitants de Lyon 15 fr. ; les habitants de Bologne 17 fr. Nous voilà bien loin des 9 fr. de l'âge d'or !

Je dois avouer, pour être juste, que la nation n'a pas toujours été traitée si durement. Les charges publiques ne sont devenues insupportables que sous le règne de Pie IX. Le budget de Bologne a plus que doublé, entre 1846 et 1858.

Si du moins l'argent déboursé par la nation était employé au profit de la nation !

Mais un tiers de l'impôt demeure entre les mains des employés qui le perçoivent. C'est incroyable, et pourtant exact. Les frais de perception se montent en Angleterre à 8 pour 100, en France à 14 pour 100, en Piémont à 16, dans les États romains à 31 !

Si vous vous étonnez d'un gaspillage qui condamne le peuple à payer 100 fr. pour que le trésor en encaisse 69, voici un fait qui vous le fera comprendre.

L'an dernier, la charge de receveur était mise aux enchères dans la ville de Bologne. Un candidat honorable et solvable offrait de faire rentrer l'impôt moyennant une remise de 1 1/2 pour 100. Le gouvernement donna la préférence au comte César Matteï, camérier secret du pape qui demandait une remise de 2 pour 100. Cette faveur accordée à un serviteur fidèle du pouvoir augmente de 20,000 fr. par an les charges de la nation.

Ce qui reste de l'impôt, après le prélèvement d'un tiers, arrive entre les mains du pape, et voici l'emploi qu'il en fait :

25 millions servent à payer les intérêts d'une dette toujours croissante, contractée par les prêtres et pour les prêtres, augmentée annuellement par la mauvaise administration des prêtres, et portée par les prêtres au passif de la nation.

10 millions sont dévorés par une armée inutile, dont le seul emploi, jusqu'à ce jour, a été de présenter les armes aux cardinaux et d'escorter le Saint-Sacrement à la procession.

3 millions sont consacrés à l'entretien, à la réparation et à la surveillance des établissements les plus indispensables à un pouvoir impopulaire. Je veux parler des prisons.

2 millions sont affectés à l'administration de la justice. Les tribunaux de la capitale en absorbent la moitié, parce qu'ils ont l'honneur d'être en grande partie composés de prélats.

2,500,000 francs, somme très-modeste, composent tout le budget des travaux publics. Il se dépense en grande partie pour l'embellissement de Rome et la réparation des églises.

1,500,000 francs sont employés à l'encouragement de l'oisiveté dans la ville de Rome. Une commission de bienfaisance, présidée par un cardinal, distribue cette somme entre quelques milliers de fainéants, sans en rendre compte à personne. La mendicité n'en est que plus florissante, comme chacun peut s'en convaincre aisément. De 1827 à 1858, les sujets du saint-père ont payé 40 millions de francs en aumônes funestes, dont le principal effet a été de ravir à l'industrie et à la culture les bras dont elles ont besoin. Le cardinal président de la commission prend 60,000 francs par année pour ses charités particulières.

400,000 francs défrayent pauvrement l'instruction publique, qui, d'ailleurs, est aux mains du clergé. Ajoutez cette modique somme aux deux millions de la justice et à une portion du budget des travaux publics; vous aurez le total des dépenses utiles à la nation. Le reste ne sert qu'au gouvernement, c'est-à-dire à quelques prêtres.

Il faut que le pape et les associés de son pouvoir soient des financiers bien médiocres, pour qu'ayant si peu à dépenser pour la nation, ils ferment tous les budgets en déficit. L'exercice de 1858 est clos avec un déficit de près de 12 millions; ce qui n'empêche pas le gouvernement de promettre un excédant de recettes dans le budget de prévision pour 1859.

Pour combler les lacunes du budget, on emprunte soit ouvertement chez M. de Rothschild, soit à la sourdine par une émission de consolidé.

Le gouvernement pontifical a contracté, en 1857, son onzième emprunt chez M. de Rothschild : c'est une bagatelle de 17,106,565 francs. Il n'en a pas moins émis pour plus de 33 millions de consolidé, entre 1851 et 1858, sans le dire à personne.

Le capital qu'il doit, et que ses sujets sont destinés à payer, se monte aujourd'hui à 359,403,756 francs. Si vous divisez ce total par le chiffre de la population, vous verrez que les enfants qui naissent dans l'État du pape sont débiteurs d'une somme de 113 francs, dont ils serviront les intérêts toute leur vie, quoiqu'elle n'ait profité ni à eux, ni à leurs ancêtres.

Ces 359 millions et demi n'ont pas été perdus pour tout le monde. Les neveux des papes en ont encaissé une partie. Les intérêts généraux de la foi catholique en ont dévoré un bon tiers. Il est prouvé que les guerres de religion n'ont pas coûté moins de cent millions au pape, et les cultivateurs d'Ancône ou de Forli payent encore, sur le revenu de leurs champs, le bois qu'on a brûlé pour les Huguenots. Les églises dont Rome est si fière n'ont pas été soldées intrégralement par les tributs de l'univers catholique : il y a certains reliquats de comptes à la charge du peuple romain. Les papes ont fait plus d'une libéralité à ces pauvres établissements religieux qui ne possèdent pas plus de 500 millions au soleil. Ces dépenses, réunies en bloc sous le titre d'allocations pour le culte, ajoutent quelque chose comme 22 millions à la dette nationale. L'occupation étrangère, et surtout l'invasion des Autrichiens dans les provinces du Nord, a grevé les habitants de 25 millions. Ajoutez l'argent gaspillé, donné, volé, perdu et 34 millions payés aux banquiers pour droits de commission sur les emprunts, vous vous rendrez compte du total de la dette, sauf peut-être une quarantaine de millions dont l'emploi inexpliqué et inexplicable fait le plus grand honneur à la discrétion des ministres.

Depuis la restauration de Pie IX, une sorte de respect humain force le gouvernement pontifical à rendre quelques comptes. Il ne les rend pas à la nation, mais à l'Europe; et l'Europe, qui n'est pas curieuse, se contente de peu. Le budget se publie à quelques exemplaires: n'en a pas qui veut. Le tableau des recettes et des dépenses est d'un laconisme prodigieux. J'ai sous les yeux le budget de prévision de l'année 1858. En quatre pages, dont la mieux remplie a quatorze lignes, le ministre des finances résume les recettes et les dépenses ordinaires et extraordinaires. Vous y verrez à l'article des recettes :

« Contributions directes et propriétés de l'État: 3,201,426 écus. » En bloc !

A l'article des dépenses ;

« Commerce, beaux-arts, agriculture, industrie et travaux publics : 601,764 écus. » Toujours en bloc !

Cette simplification puissante permet au ministre d'escamoter bien des choses. Si par exemple, le revenu des douanes porté au budget présente une diminution de 500,000 écus sur le total avoué par la direction des contributions indirectes, c'est que le gouvernement a eu besoin de 2,500,000 francs pour un emploi mystérieux. L'Europe n'en saura rien.

« La parole est d'argent, mais le silence est d'or. » Les ministres des finances qui se sont succédé à Rome ont tous adopté cette devise. Lors même qu'ils sont forcés de prendre la parole, ils ont l'art de taire ce que la nation voudrait savoir.

Dans presque tous les pays civilisés, la nation jouit de deux droits qui semblent assez naturels. Le premier est le droit de voter les impôts, sinon par elle-même, du moins par l'organe de ses députés. Le second est le droit de vérifier l'emploi de son argent.

Dans l'État pontifical, le pape ou son ministre dit aux citoyens : « Voici ce que vous avez à payer. » Il prend l'argent, le dépense et n'en parle plus qu'en termes vagues.

Cependant, pour donner un semblant de satisfaction à la conscience de l'Europe, Pie IX a promis de soumettre les finances à une sorte de Chambre des députés. Voici le texte de cette promesse, qui figurait avec beaucoup d'autres dans le *motu proprio* du 12 septembre 1849:

« Il est établi une consulte d'État pour les finances. Elle sera *entendue* sur les budgets de prévision ; elle examinera les exercices clos et signera la loi des comptes. Elle donnera son avis sur l'établissement des nouvelles taxes ou le dégrèvement des taxes établies ; sur la meilleure répartition des impôts, sur les moyens les plus propres à relever le commerce, et en général sur tout ce qui concerne les intérêts du trésor public.

« Les conseillers seront choisis par nous, sur des listes présentées par les conseils provinciaux. Leur nombre sera fixé dans la proportion des provinces de l'État. Ce nombre pourra être accru, dans une mesure déterminée, de quelques-uns de nos sujets que nous nous réservons de nommer. »

Permettez-moi de m'étendre un peu sur le sens de cette promesse, et sur les effets qui l'ont suivie. Qui sait si la diplomatie ne commencera pas bientôt à demander des promesses au pape? Si le pape ne recommencera pas à promettre monts et merveilles ? Si ses promesses ne seront pas aussi dérisoires que celles-ci ? Ce petit paragraphe mérite un long commentaire, parce qu'on en peut tirer de grands enseignements.

« Il est établi, » dit le pape. La consulte établie le 12 septembre 1849 n'est entrée en activité qu'en décembre 1853. Quatre ans plus tard ! Voilà ce que j'appelle un billet à longue échéance. On reconnaît que la nation a besoin de quelques garanties, qu'elle a le droit de donner quelques avis et d'exercer quelque surveillance : conséquemment, on la prie de repasser dans quatre ans.

Les membres de la consulte des finances ont un faux air de députés. Bien faux, je vous le jure, quoique M. de Rayneval, pour le bien de sa cause, les appelle *Représentants de la nation*. Ils la représentent comme le cardinal Antonelli représente les apôtres.

Ils sont élus par le pape sur une liste présentée par les conseils provinciaux. Les conseillers provinciaux sont élus par le pape sur une liste présentée par les conseils communaux. Les conseillers communaux sont nommés par leurs prédécesseurs du conseil communal, lesquels avaient été choisis directement par le pape, sur une liste de citoyens éligibles, qui tous avaient dû fournir un certificat de bonne conduite religieuse et politique. Dans tout cela, je ne vois qu'un électeur, c'est le pape.

Reprenons cette série d'élections en commençant par le bas, c'est-à-dire par la nation. Les Italiens sont friands de libertés municipales ; le pape le sait, il est bon prince, il va leur en donner. La commune veut choisir ses conseillers elle-même ; il y a dix conseillers à élire, le pape nomme 60 électeurs. Six électeurs pour un conseiller à élire ! Et les électeurs eux-mêmes ne sont pas les premiers venus : ils ont tous un certificat de la paroisse et de la police. Cependant, comme ils ne sont pas infaillibles et que, dans l'exercice d'un droit tout nouveau, ils pourraient se méprendre, le souverain se décide à faire l'élection lui-même. Ses conseillers communaux, car ils sont bien à lui, viennent ensuite lui présenter une liste de candidats au conseil provincial. La liste est longue, afin que le saint-père ait du choix. Dans la province de Bologne, par exemple, il choisit 11 noms sur 156. Il faudrait qu'il eût la main malheureuse pour ne pas tomber sur onze hommes dévoués. A leur tour, ces onze conseillers de province présentent quatre candidats sur lesquels le pape en choisit un. Voilà comment la nation se fait représenter dans la consulte des finances !

Cependant, par un certain luxe de méfiance, le saint-père ajoute à la liste des représentants quelques hommes de son choix, de sa caste, de son intimité. Les conseillers élus par la nation sont éliminés par tiers tous les deux ans. Les conseillers nommés directement par le pape sont inamovibles.

Certes si jamais un corps constitué a offert des garanties au pouvoir, c'est une telle consulte des finances. Et pourtant le pape ne s'y fie pas. Il en a donné la présidence à un cardinal, la vice-présidence à un prélat : n'importe ! Il n'est rassuré qu'à demi. Un règlement spécial met tous les conseillers sous la haute main du cardinal président. C'est lui qui nomme les commissions, qui organise les bureaux, qui adresse les rapports au pape. Nuls papiers, nuls documents ne sont communiqués aux conseillers sans sa permission. Tant il est vrai que la caste régnante voit dans tout laïque un ennemi !

Elle a raison. Ces pauvres conseillers laïques, choisis parmi les gens les plus timides, les plus soumis, les plus dévoués au pape, ne sauraient oublier qu'ils sont hommes, citoyens et Italiens. Dès le lendemain de leur installation, ils ont manifesté le désir de faire leur devoir en vérifiant les comptes des années précédentes. On leur a répondu que les comptes étaient égarés. Ils ont insisté ; on a cherché ; on a même trouvé quelques documents, mais si incomplets que la pauvre consulte n'a pas pu signer en six ans une décision de conformité.

On ne lui a pas demandé son avis sur les nouvelles impositions décrétées entre 1849 et 1853. Depuis 1853, c'est-à-dire depuis qu'elle est entrée en fonctions, on a contracté des emprunts à l'étranger, inscrit des rentes consolidées au grand-livre de la dette, aliéné des immeubles nationaux, signé des conventions postales, changé le système d'impôts à Bénévent, taxé les raisins malades sans même s'informer de ce qu'elle en pensait.

On l'a consultée sur quelques autres mesures financières, et elle a répondu non. Mais le gouvernement ne s'est pas arrêté pour si peu. Il est dit dans le *motu proprio* que la consulte sera entendue ; mais il n'est pas dit qu'elle sera écoutée [1].

Tous les ans, à la fin de la session, la consulte adresse au pape une humble requête contre les gros abus du système financier. Le pape renvoie la pétition à quelques cardinaux ; les cardinaux renvoient l'affaire aux calendes grecques.

M. de Rayneval admirait beaucoup ce mécanisme. Soulouque a fait mieux encore ; il l'a imité. Mais « il y a un degré de mauvais gouvernement que les peuples, grands ou petits, éclairés ou ignorants, ne supportent plus aujourd'hui. » (Guizot, *Mémoires*, tome II, p. 293.)

[1] Tous les chiffres et tous les faits contenus dans ce chapitre sont empruntés aux excellents travaux du marquis Pepoli.

CONCLUSION

M. le comte de Rayneval, après avoir prouvé que tout est pour le mieux dans le royaume du pape, termine sa célèbre Note par une conclusion désespérée. Selon lui, la question romaine est de celles qui ne sauraient être résolues définitivement, et tous les efforts de la diplomatie ne peuvent qu'ajourner une catastrophe.

Je ne suis pas si pessimiste. Il me semble que toutes les questions politiques peuvent être résolues et toutes les catastrophes évitées. Je crois même que la guerre n'est pas absolument indispensable au salut de l'Italie et à la sécurité de l'Europe, et qu'on peut éteindre les incendies sans tirer des coups de canon.

Vous avez vu de vos yeux la misère intolérable et le mécontentement légitime des sujets du pape. Vous les connaissez assez pour comprendre que l'Europe doit leur porter secours et sans délai, non-seulement pour l'amour de la justice absolue, mais aussi dans l'intérêt de la paix publique. Je ne vous ai pas laissé ignorer que tous les maux qui accablent ces trois millions d'hommes ne doivent être attribués ni à la faiblesse du souverain, ni même à la perversité du ministre, mais qu'ils sont la déduction logique et nécessaire d'un principe. L'Europe n'a que faire de réclamer contre les conséquences; c'est le principe qu'il faut admettre ou rejeter. Si vous approuvez la souveraineté temporelle du pape, vous devez louer tout, même la conduite du cardinal Antonelli. Si les indignités du gouvernement pontifical vous révoltent, c'est contre la monarchie ecclésiastique qu'il faut vous insurger.

La diplomatie réclame de temps en temps contre les déductions, sans toutefois discuter les prémisses. Elle écrit des *memoranda* très-respectueux pour supplier le pape d'être inconséquent et d'administrer ses États suivant le principe des gouvernements laïques. Si le pape fait la sourde oreille, les diplomates n'ont rien à réclamer, puisqu'ils reconnaissent sa qualité de souverain indépendant. S'il promet tout ce qu'on lui demande et oublie d'exécuter ses promesses, la diplomatie doit encore en prendre son parti : n'a-t-on pas reconnu au souverain pontife le droit de délier les hommes de leurs serments les plus sacrés? Si, enfin, il obtempère aux sollicitations de l'Europe, et publie des lois libérales pour les laisser tomber en désuétude dès le lendemain, les diplomates sont encore désarmés : violer ses propres lois, c'est un privilége de la monarchie absolue.

Je professe la plus haute admiration pour nos diplomates de 1859. Mais leurs collègues de 1831 ne manquaient ni de bon vouloir ni de capacité. Ils adressèrent à Grégoire XVI un *memorandum* qui est un chef-d'œuvre. Ils arrachèrent au pape une véritable constitution qui ne laissait rien à désirer et garantissait tous les intérêts moraux et matériels de la nation romaine. Quelques années plus tard il n'y paraissait plus, et les abus découlaient du principe ecclésiastique comme un fleuve de sa source.

Nous avons renouvelé l'expérience en 1849. Le pape nous a accordé le *motu proprio* de Portici, et les Romains n'y ont rien gagné.

Faut-il que nos diplomates recommencent en 1859 ce métier de dupes? Un ingénieur français a démontré que les digues élevées le long des fleuves coûtent cher, profitent peu, et sont toujours à refaire; tandis qu'un simple barrage à la source prévient les plus terribles inondations. A la source, messieurs les diplomates! Remontez, s'il vous plaît, jusqu'au pouvoir temporel des papes.

Cependant je n'ose ni espérer ni demander que l'Europe, dès aujourd'hui, applique le grand remède. Les diplomates ne procèdent jamais que par demi-mesures.

Il en est une qui fut proposée en 1814 par le comte Aldini, en 1831 par Rossi, en 1855 par M. le comte de Cavour. Ces trois hommes d'État, comprenant qu'il est impossible de limiter l'autorité du pape dans le royaume où elle s'exerce et sur les hommes qui lui sont abandonnés, conseillèrent à l'Europe de remédier au mal en réduisant l'étendue des États de l'Église et le nombre de ses sujets.

Rien n'est plus juste, plus naturel et plus facile que d'affranchir les provinces adriatiques, et d'enfermer le despotisme du pape entre la Méditerranée et l'Apennin. Je vous ai montré que les villes de Ferrare, de Ravenne, de Bologne, de Rimini, d'Ancône sont les plus impatientes du joug pontifical et les plus dignes de la liberté : délivrez-les. Pour faire ce miracle, il ne faut qu'un trait de plume, et la plume qui a signé le traité de Paris est encore taillée.

Il resterait au pape un million de sujets et deux millions d'hectares ; le tout assez inculte, je l'avoue ; mais peut-être la diminution de son revenu le pousserait-elle à mieux administrer ses biens et à profiter plus utilement de ses ressources.

De deux choses l'une : ou il entrerait dans la voie des bons gouvernements et la condition de ses sujets deviendrait supportable ; ou il s'obstinerait dans l'erreur de ses devanciers, et les provinces de la Méditerranée réclameraient l'indépendance à leur tour.

Au pis aller et en dernière analyse, le pape conserverait toujours la ville de Rome, ses palais, ses temples, ses cardinaux, ses prélats, ses prêtres, ses moines, ses princes et ses laquais. L'Europe ferait passer des aliments à cette petite colonie.

Rome, entourée du respect de l'univers, comme d'une muraille de la Chine, serait, pour ainsi dire, un corps étranger au milieu de la libre et vivante Italie. Le pays n'en souffrirait ni plus ni moins qu'un vétéran ne souffre d'une balle oubliée par le chirurgien.

Mais le pape et les cardinaux se résigneront-ils facilement à n'être que les ministres de la religion? Vont-ils renoncer de bonne grâce à leurs priviléges politiques? Perdront-ils en un jour l'habitude d'intervenir dans nos affaires, d'armer les princes les uns contre les autres, et d'insurger discrètement les citoyens contre leurs rois? J'en doute.

Mais aussi les princes pourront user du droit de légitime défense. Ils reliront l'histoire. Ils verront que les gouvernements forts sont ceux qui ont tenu la religion sous leur main; que le sénat de Rome ne laissait pas aux prêtres carthaginois le privilége de prêcher en Italie; que la reine d'Angleterre et l'empereur de Russie sont les chefs de la religion anglicane et russe, et que la métropole souveraine des églises de France devrait être légitimement à Paris.

FIN.

TABLE DES MATIÈRES

Préface...	I
La royauté du pape.......................................	1
Nécessité du temporel...................................	11
Patrimoine du temporel.................................	17
Les sujets du temporel...................................	25
Les plébéiens..	35
La classe moyenne..	47
La noblesse...	61
Les étrangers..	75
Le pouvoir temporel du pape est absolu........	91
Pie IX...	101
Antonelli...	109
Le gouvernement des prêtres.........................	121
Rigueurs politiques..	131
Impunité des vrais crimes..............................	139
Tolérance..	155
Éducation du peuple.....................................	167
Occupation étrangère....................................	181
Pourquoi le pape n'aura jamais de soldats.....	193
Les intérêts matériels....................................	209
Finances...	229
Conclusion..	243

Paris — Imprimé chez Bonaventure et Ducessois, 55, quai des Augustins.

www.ingramcontent.com/pod-product-compliance
Lightning Source LLC
Chambersburg PA
CBHW070634170426
43200CB00010B/2021